Auf Goethes Spuren

Michael Ruetz

Auf Goethes Spuren

Stätten und Landschaften

Textauswahl und Kommentar

von Eckart Kleßmann

Artemis

Heinz Hajek-Halke gewidmet

Zweite Auflage 1979

Artemis Verlag Zürich und München
Druck: Lichtdruck AG, Dielsdorf
Fotolithos: Offset-Repro AG, Zürich
Gestaltung: Peter Rüfenacht-Bolli, Artemis
Einband: H. + J. Schumacher, Schmitten
Printed in Switzerland
ISBN 3 7608 0418 7

Inhalt

Frankfurt, Wetzlar, Straßburg

Schweizer Reisen

Italienische Reise

Champagne, Rheinland, Böhmen

Weimar

Der da am 7. November 1775 morgens um fünf Uhr in Weimar eintrifft, ist zwar ein erst sechsundzwanzigjähriger Mann, aber längst kein unbeschriebenes Blatt mehr. Man kann diese Redensart insofern wörtlich nehmen, als ihm beschriebene Blätter zu ungewöhnlichem Ruhm verholfen hatten. Elf Werke liegen 1775 von Goethe im Druck vor, darunter die Gedichtsammlung «Neue Lieder» (1770), der Essay «Von deutscher Baukunst» (1773), die Dramen «Götz von Berlichingen» (1773) und «Clavigo» (1774), die Farce «Götter, Helden und Wieland» (1774) und schließlich der erfolgreichste deutsche Roman des Jahrhunderts: «Die Leiden des jungen Werthers» (1774).

Dieser Dichter ist das, was bei Hofmannsthal «ein junger Herr aus großem Hause» heißt, auch wenn er nicht von Adel ist, sondern vermögendem Bürgertum entstammt. Aber dieses Bürgertum ist damals zum Teil schon einflußreicher als der Adel und sich des eignen Wertes wohl bewußt und stolz: «Ich fühlte mich selber so vornehm, daß, wenn man mich zum Fürsten gemacht hätte, ich es nicht eben sonderlich merkwürdig gefunden haben würde. Als man mir (1782) das Adelsdiplom gab, glaubten viele, wie ich mich dadurch möchte erhoben fühlen. Allein, unter uns, es war mir nichts, gar nichts! Wir Frankfurter Patrizier hielten uns immer dem Adel gleich, und als ich das Diplom in Händen hielt, hatte ich in meinen Gedanken eben nichts weiter, als was ich längst besessen.» So Goethe 1827 zu Eckermann. Und in einem Xenion reimte er: «Wo kam die schönste Bildung her, / Und wenn sie nicht vom Bürger wär?»

Als Goethe am 28. August 1749 in Frankfurt am Main zur Welt kommt, hat das Ancien régime noch genau vierzig Jahre unangefochtener Herrschaft vor sich. In Leipzig arbeitet Johann Sebastian Bach an der «Kunst der Fuge», in London schreibt Georg Friedrich Händel die «Feuerwerksmusik», und in Hamburg komponiert Georg Philipp Telemann – die drei Repräsentanten deutscher Barockmusik. Preußen und Österreich haben die ersten beiden Schlesischen Kriege geführt. In Frankreich beginnt George de Buffon die 36 Bände seiner «Naturgeschichte der Tiere» zu publizieren. Hier und da werden sogar noch Hexen hingerichtet, aber das ist jetzt schon ungewöhnlich, der Hexenglaube ist nicht mehr zeitgemäß. Preußen hat neun Jahre zuvor als erster Staat die Folter abgeschafft, bislang selbstverständlicher Teil der Strafprozeßordnung.

Eine lebendige deutsche Literatur ist damals nur in Ansätzen sichtbar, ihre reiche Vergangenheit fast völlig vergessen. Der erste große epische Wurf im deutschen Barock – «Der abenteuerliche Simplicissimus» von Hans Jakob Christoffel von Grimmelshausen (1669) – wird 1749 nicht mehr gelesen. Isoliert bleibt die bedeutende Lyrik des jungverstorbenen Johann Christian Günther. «Es war überall eine gute Zeit, als ich (...) jung war. Die deutsche Literatur war noch eine reine Tafel, auf die man mit Lust viel Gutes zu malen hoffte», sagte Goethe 1829 zu Eckermann, und er war auch der Meinung, seine Jugend und die der deutschen Literatur wären gleichzeitig gewesen.

Der junge Wolfgang hat das gehabt, was eine spätere Zeit «eine behütete Kindheit» nennen wird. Er ist aufgewachsen in einem schönen und weiträumigen Bürgerhaus einer freien Reichsstadt. Das Familienleben war harmonisch, eher geprägt von der fröhlichen Vitalität der jungen Mutter als von der steifleinenen, aber nicht grämlichen Pedanterie des als wohlhabender Privatier lebenden Vaters, dem aber ein gewisses Temperament nicht ganz abging.

Die Redensart, jemand sei unter einem glücklichen Stern geboren, hat Goethe wörtlich genommen. Seine Lebensbeschreibung vermerkt die astrologische Konstellation seiner Geburtsstunde. Obwohl Goethe nie ein Anhänger der Astrologie gewesen ist – zur Zeit seiner Geburt kam sie aus der Mode, bis dahin hatte sie wissenschaftlichen Rang –, so hat er doch über Fragen wie Vorbestimmung, Gesetzmäßigkeit des Lebens und Wiedergeburt viel nachgedacht, ja die Idee der Reinkarnation ist für ihn eine unumstößliche Gewißheit gewesen.

Wie an dem Tag, der dich der Welt verliehen,
Die Sonne stand zum Gruße der Planeten,
Bist alsobald und fort und fort gediehen
Nach dem Gesetz, wonach du angetreten.
So mußt du sein, dir kannst du nicht entfliehen,
So sagten schon Sibyllen, so Propheten;
Und keine Zeit und keine Macht zerstückelt
Geprägte Form, die lebend sich entwickelt.

Frankfurt von Südost

Goethe hat sein Leben und seine Herkunft unter diesem Gesetz gesehen (« ... und das Gesetz nur kann uns Freiheit geben ») und die außerordentlichen Glücksmomente seines Daseins wie eine Schicksalsfügung betrachtet, auch wenn er die Formulierung « ein vom Glück Begünstigter » für sich ablehnte. Die Geborgenheit in einem großzügigen und toleranten Elternhaus, das alle materiellen Unbilden abschirmte und dem Jungen eine Fülle geistiger Anregungen und Lernmöglichkeiten bot, hat Goethe ein Fundament von Sicherheit und Souveränität gegeben. Das hat ihn zwar in den 82 Jahren seines Lebens nicht unempfindlich gemacht für die soziale Problematik seiner Zeit, aber gewiß auch nicht besonders aufgeschlossen. Wer nie erfahren hat, in welchem Maße materielle Bedrängnis ein Leben verdüstern kann, wird schwerlich das Ausmaß sozialer Ungerechtigkeit einschätzen können. Die Berechtigung der Französischen Revolution etwa hat er kaum begriffen. Revolutionärer Umsturz waren ihm, der « lieber eine Ungerechtigkeit als eine Unordnung ertragen » wollte, so widerwärtig wie Pressefreiheit. Wirkliches soziales Elend oder Fürstenwillkür kommen in seinem Werk nicht vor, auch wenn er selbst in seiner Weimarer Zeit das Elend der « niederen Klasse » kennengelernt hat und auch versuchte, ihm praktisch zu begegnen. Die Abschaffung der Todesstrafe lehnte er ab, ja er soll als Minister, nach Thomas Mann, die Begnadigung einer Kindsmörderin nachdrücklich abgelehnt haben, was ihn nicht hinderte, die Gretchen-Tragödie zu schreiben.

Daß unser Leben aus Widersprüchen zusammengesetzt ist, darf als Gemeinplatz gelten. Kein deutscher Schriftsteller hat so sehr das Wort « gesund » betont wie Goethe. Daß er nach seinem Tode zum Gipsklassiker und Olympier zurechtstilisiert wurde, ist nicht zufällig, denn er selbst hat zu dieser Stilisierung nicht ganz unschuldig beigetragen. Aber Goethe war in keiner Weise Olympier oder harmonischer Weiser (er hat es auch nie von sich behauptet), und er, der sich über kränkliches Aussehen seiner Besucher mokierte und Brillenträger nicht mochte, war selbst keineswegs gesund. Die Zahl seiner schweren physischen Erkrankungen ist groß (Herz- und Nierenleiden), das Zerschlagen und Zerschießen ihm verhaßter Bücher und Bilder (das er Sulpiz Boisserée gestand) spricht nicht gerade für Harmonie. Auch kaltherziges, egoistisches Verhalten ist nicht eben olympisch. Er hat immer wieder Menschen benutzt und ausgebeutet, das gilt für manche seiner Liebesbeziehungen, das gilt am Ende seines Lebens für den armen Eckermann.

Und doch, und doch. Es ist so leicht, den von Schulmeistern für viele Generationen gepflegten Gips-Goethe zu entthronen und ein an abstoßenden Zügen reiches Goethe-Bild an seine Stelle zu setzen. Es wäre genauso einseitig und damit genau so falsch. Natürlich kann man einwenden, daß der hochmögende Sohn aus begütertem Haus sein Studium in Leipzig und Straßburg recht lässig betrieb und sich den Doktor- (Lizentiaten-) Titel 1771 reichlich mühelos erwarb. Daß er am Reichskammergericht in Wetzlar wohl kaum gearbeitet hat, sich aber seine im Leben oft gestatteten Fluchten vor ernsthafter persönlicher Auseinandersetzung und Verantwortung leisten konnte, weil stets Geld dafür im Hintergrund war. Aber wer so denkt, übersieht leicht, daß der in Weimar eingetroffene Wunderjüngling auch hart gearbeitet hat, um das kleine Herzogtum wirtschaftlich zu sanieren, auf Kosten seiner dichterischen Produktion. Wäre er nur der «Hätschelhans» seiner Mutter gewesen, er hätte diese Arbeit und ein knochentrockenes Aktenstudium nicht auf sich genommen; erwartet hatte man's von Ihm denn doch sowieso nicht.

Gewiß, materiell hat es Goethe sein Leben lang leicht gehabt. Aber er hat dafür seinen Preis gezahlt. Und dieser Preis bestand nicht nur aus Krankheiten und depressiven Phasen. Er ist angefeindet und verleumdet worden wie nur wenige deutsche Autoren. Um 1800 war er sogar als Dichter eine quantit ' négligeable. Seine – vor allem *in eroticis* – moralische Haltung wurde auf schäbigste Art bezischelt, seine Lebensgemeinschaft mit Christiane Vulpius verhöhnt, seine politische Einstellung während der Napoleon-Zeit von nationalistischen Kräften verunglimpft. Goethe hat darauf nicht olympisch reagiert, sondern mit zornigen und verächtlichen Sätzen über seine Landsleute, die ohne Beispiel sind.

Mit 26 Jahren ist er nach Weimar gekommen. Volle 56 Jahre hat er dort gelebt, wenn auch diese Zeit durch lange Reisen oft unterbrochen wurde. Es ist wahr: Er hat dort im Alter residiert wie ein Fürst (damals kommt denn auch die Bezeichnung «Dichterfürst» für ihn auf), aber von der Einsamkeit seiner letzten Jahre – und sie setzt recht eigentlich mit dem Tode seiner Frau 1816 ein – hat kaum jemand gewußt. Gewiß, da kamen Besucher und Gäste zuhauf, Weimarer Freunde (von denen keiner wirklich ein «Freund» war und ihm sein konnte) umdrängten ihn wie ein beflissener Hofstaat und schrieben seine Worte für die Nachwelt ins Notizbuch. «Lange leben, heißt eigentlich viele überleben», sagt er damals. Da war er schon ein Denkmal bei Lebzeiten.

Davon noch ein Wort später. Jetzt begleiten wir den jungen Dichter nach Weimar, das verhätschelte Wunderkind einer tristen Gesellschaft, der er den maître de plaisir machen soll und ihn auch trefflich zu machen versteht. Der Bürgersohn aus Frankfurt am Hof eines Duodez-Herzogtums, schon bald verliebt in die Ehefrau eines Hofbeamten, beargwöhnt von der Gesellschaft eines 6000 Einwohner zählenden Nests, wo man sich – wie die Nachwelt – das Maul darüber zerreißt, wie intim man sich denn wohl das Verhältnis zu Charlotte von Stein ausmalen darf. Bei keinem deutschen Dichter hat man sich so sehr für seine erotischen Beziehungen interessiert wie gerade bei Goethe.

Der Römerberg in Frankfurt

Davon wird noch in einem späteren Kapitel die Rede sein. Hier ist festzuhalten: Goethes Beschäftigung in den ersten Weimarer Jahren erschöpfte sich nicht in der Teilnahme an ausgelassenen Zechtouren mit dem Herzog und munterem Treiben mit den bäuerlichen «Misels», wie Goethe damals die Mädchen nennt. Natürlich ging es auch übermütig und derb zu. Selbst der gewiß nicht kleinliche Wieland sorgte sich einmal: «Goethe hat in den ersten Monaten durch seine damalige Art zu sein die meisten skandalisiert und dem Teufel Macht über sich gegeben.» Auch Charlotte von Stein schreibt im Mai 1776: «Goethe verursacht hier einen großen Umsturz; wenn er auch wieder Ordnung machen kann, um so besser für sein Genie! Sicherlich ist seine Meinung gut, aber zu große Jugend und zu geringe Erfahrung – doch warten wir das Ende ab.»

Sie tat recht daran, denn «das Ende» widerlegte alle Klatschmäuler – die ärgsten Gerüchte wurden, wie meist, von jenen verbreitet, die weitab saßen – und bestätigte Wielands Hoffnung, die er schon drei Tage nach Goethes Ankunft ausgesprochen hatte: « Der göttliche Mensch wird, denk' ich, länger bei uns bleiben, als er anfangs selbst dachte, und wenn's möglich ist, daß aus Weimar etwas werde, so wird es seine Gegenwart tun. »

Er behielt recht. Gewiß, aus dem kleinen Herzogtum wurde nicht der Modellstaat, der dem jungen Frankfurter Patrizierssohn vorgeschwebt haben mochte, aber das war auch nicht zu erwarten. Allzuviel lag im Argen, allzu begrenzt waren die finanziellen Mittel. Aber neben nachweislichen Erfolgen, die nur durch harte und pünktliche Verwaltungsarbeit zu erreichen waren, gelang die schönste Aufgabe: den jungen, gerade erst achtzehn Jahre alt gewordenen Herzog durch behutsamen Einfluß aus einem verspielten und vergnügungsfrohen Brausekopf zu einem verantwortungsbewußten Landesherrn zu formen, dessen gute Anlagen Goethe sofort erkannt hatte. Der mäßigende und lenkende Einfluß wurde auch von den Zeitgenossen schon bald anerkennend bemerkt. « Er hat mir anfänglich manche Not und Sorge gemacht », sagte Goethe später, « doch seine tüchtige Natur reinigte sich bald und bildete sich zum Besten, so daß es eine Freude wurde, mit ihm zu leben und zu wirken. »

Am 6. März 1776 ist sein Entschluß gefaßt: « Ich bleibe hier », schreibt er an Johanna Fahlmer. Und an Freund Lavater in Zürich geht an eben diesem Tage die Botschaft: « Ich bin nun ganz eingeschifft auf der Woge der Welt – voll entschlossen: zu entdecken, gewinnen, streiten, scheitern, oder mich mit aller Ladung in die Luft zu sprengen. »

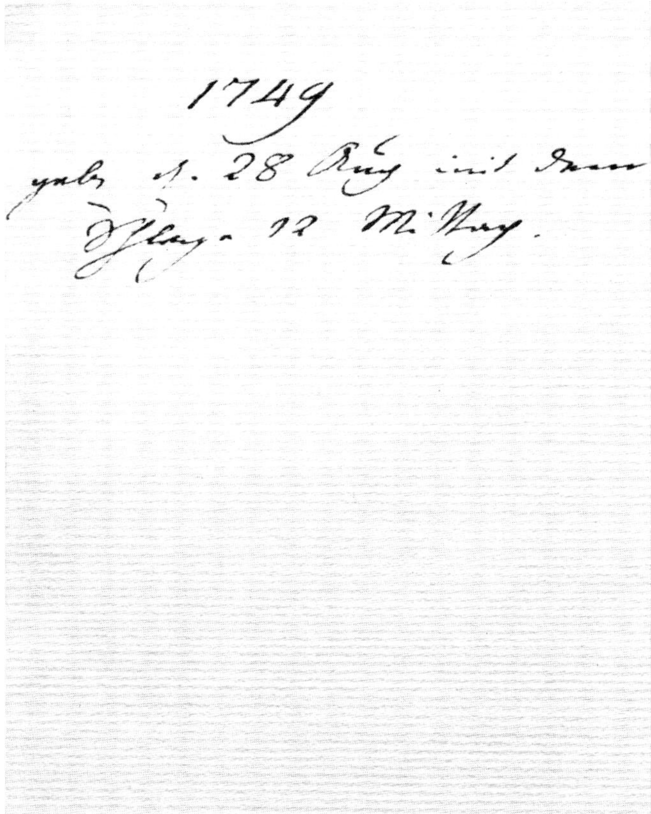

Goethes Geburtsdatum, wie er es ins « Biographische Schema » (1808) eintrug

Das Haus, in dem er am 28. August 1749 « mit dem Glockenschlage zwölf » zur Welt kam, hat Goethe uns besonders liebevoll und detailgenau in « Dichtung und Wahrheit » beschrieben; wie genau, kann heute noch der Besucher am Frankfurter Großen Hirschgraben nachprüfen. « Santa Casa » hat Wieland dieses Haus überschwenglich getauft, in dem Goethe aufwuchs, seine ersten Dichtungen schrieb und das er 1775 endgültig verließ, als er nach Weimar ging. Der geräumige Bau, ein prachtvolles Zeugnis großbürgerlicher Kultur und handwerklicher Gediegenheit, hat ein wechselvolles Schicksal erlebt. Die erste tiefgreifende Veränderung nahm Goethes Vater durch einen Umbau 1775 vor, der aus den ursprünglich zwei, durch einen Durchbruch miteinander verbundenen Häusern ein einziges machte. Als Goethes Mutter 1795 das Haus verkaufte, wurde es von den Nachbesitzern noch mehrfachen Veränderungen unterzogen, bis es 1863 in den Besitz Otto Volgers kam, des Gründers des Freien Deutschen Hochstifts. Volger hat Goethes Geburtshaus mit viel Liebe und gründlicher Kenntnis restauriert und auch durch die Wiederbeschaffung von Originalmobiliar versucht, den alten Zustand zwischen 1755 und 1775 möglichst treu wiederherzustellen. Dann vernichtete das Bombardement von Frankfurt am 22. März 1944 den Bau bis auf den Grund: an Goethes Todestag. Da aber das gesamte Inventar frühzeitig ausgelagert und der Grundriß in allen Abmessungen genau fixiert worden war, ließ sich die Rekonstruktion exakt ausführen, und 1951 war Goethes Geburtshaus wieder dem Besucher zugänglich. Goethe selbst hat sein Elternhaus zum letztenmal am 28./29. Juli 1814 gesehen: « Zuletzt ging ich an unserm alten Hause vorbei. Die Hausuhr schlug drinne. Es war ein sehr bekannter Ton, denn der Nachfolger im Hausbesitz hatte sie in der Auktion gekauft und sie am alten Platze stehen lassen. »

▷

Goethes Geburtshaus
in Frankfurt am Main

Der kleine Wirtschaftshof auf der Rückseite des Goetheschen Elternhauses diente Wolfgang und seiner Schwester Cornelia als Spielplatz. Unter dem Pumpen-Brunnen an der rückwärtigen Mauer befand sich eine Zisterne für Regenwasser. Der Brunnen selbst ist ein Werk der Spätrenaissance. An Goethes 74. Geburtstag zeichnet ihn der Maler Johann Gottlob Rösel und schenkt dem Dichter zwölf nach der Sepiazeichnung angefertigte Radierungen. Davon ging eine am 30. Januar 1826 an Friedrich Maximilian Klinger, den Dichter des Dramas «Sturm und Drang» mit diesem Gedicht:

An diesem Brunnen hast auch du gespielt,
Im engen Raum die Weite vorgefühlt;
Den Wanderstab aus frommer Mutter Hand
Nahmst du getrost ins fernste Lebens-Land,
Und magst nun gern verloschnes Bild erneun,
Am hohen Ziel des ersten Schritts dich freun.

Eine Schwelle hieß ins Leben
Uns verschiedne Wege gehn;
War es doch zu edlem Streben,
Drum auf frohes Wiedersehn!

Brunnen im Hof von Goethes Geburtshaus

«Pekingzimmer» im Goethehaus

Im ersten Stock lagen die Repräsentationsräume der Familie, darunter das «Peking» genannte Zimmer (nach seinem chinesischen Tapetenmuster). Von 1759 bis 1761 war hier der französische Königsleutnant Graf François de Thoranc einquartiert, vermutlich auch hier hielt Goethe seine Rede zum «Schäkespears Tag» am 14. Oktober 1771, und im «Peking» wurde am 1. November 1773 die Hochzeit von Goethes Schwester Cornelia mit Johann Georg Schlosser gefeiert. Im September 1779 wohnte hier auf der Durchreise in die Schweiz Herzog Carl August.

« Blaue Stube » im Goethehaus

Die « Blaue Stube » im Erdgeschoß des Hauses diente der Familie als Speisezimmer. An der Wand erkennt man das Fragment einer Wachstuchtapete mit Jagdmotiven, ein Rest jener alten Bespannung, die beim Umbau 1755 entfernt wurde. In diesem Raum ereignete sich am 18. September 1779 jene Szene, die Goethes Mutter (genannt « Frau Aja ») in einem Brief an die Herzogin Anna Amalia so lebhaft beschrieben hat: « Ihro Durchlaucht unser gnädigster und Bester Fürst, stiegen /: um uns recht zu überraschen: / eine strecke von unserm Hauße ab kamen also gantz ohne geräusch an die Thüre, klingelten, traten in die blaue Stube u. s. w. Nun stellen Sich Ihro Durchlaucht vor, wie Frau Aja am runden Tisch sitzt, wie die Stubenthüre aufgeht, wie in dem Augenblick der Häschelhanß ihr um den Hals fält, wie der Herzog in einiger Entfernung der Mütterlichen Freude eine weile zusieht, wie Frau Aja endlich wie betruncken auf den besten Fürsten zuläuft halb greint halb lacht gar nicht weiß was sie thun soll ... »

Das seit dem 13. Jahrhundert an dieser Stelle stehende Gebäude des Deutschen Ordens in Wetzlar erhielt sein heutiges Aussehen durch einen Umbau im 18. Jahrhundert. Der Amtmann Henrich Adam Buff bewohnte mit Frau und sechzehn Kindern einen Seitenflügel des Anwesens, das « Deutsch-Ordens-Hof » oder « Deutsches Haus » genannt wurde. Diesen Seitenflügel, ein Fachwerkhaus, ließ Buff um 1750 durch einen verputzten Anbau erweitern. Bei einem Bombenangriff Anfang 1945 wurde der Anbau zerstört, konnte aber originalgetreu rekonstruiert werden. ▷

Wetzlar
Deutschordenshaus

Goethe kam im Mai 1772 nach Wetzlar, um als Praktikant am Reichskammergericht zu arbeiten, der damals höchsten richterlichen Instanz des Heiligen Römischen Reiches Deutscher Nation. Mit 6000 Einwohnern war Wetzlar damals größer als Gießen, Marburg oder Wiesbaden und dank des Kammergerichts in ständigem Austausch mit der großen Welt. Dennoch behielt Goethe die Stadt als «klein und übelgebaut» in Erinnerung. Sein Aufenthalt hier endete bereits am 11. September 1772, als er ohne Abschied zu nehmen Wetzlar verließ. Mit seinem Schwager Johann Georg Schlosser hat er sich vom 6. bis 10. November hier noch einmal aufgehalten, dann sah er Wetzlar nicht wieder

Wetzlar

Wetzlar, Giebelzimmer im Deutschordenshaus

Die Wohnung des Amtsmanns Buff, in der Goethe während seines fünfmonatigen Aufenthalts in Wetzlar mehrfach zu Gast war, hatte ein wechselvolles Schicksal. Nach der Auflösung des Deutschen Ordens 1809 wurde hier eine Offizierswohnung eingerichtet, später eine Nähschule. Erst 1863 entstand hier eine Gedenkstätte für «Goethes Lotte», wobei das im ersten Stock gelegene große Giebelzimmer zum «Lottezimmer» deklariert und mit originalem Mobiliar der Familie Buff eingerichtet wurde: u. a. stehen hier das Spinett Charlotte Buffs und ihr kleiner Schreibschrank.

Nicht nur pietätvolles Gedenken an eine Mutter, sondern mehr noch an eine Frau, die durch den Roman «Die Leiden des jungen Werthers» als «Goethes Lotte» weltweit bekannt geworden war, stiftete eine Locke Charlotte Buffs – seit dem 4. April 1773 Charlotte Kestner – für die neue Gedenkstätte im Elternhaus Lottes: Von ihrer Tochter Charlotte 1865. ▷

Locke Charlotte Buffs

Wie noch mehrmals in seinem Leben, so entzog sich Goethe einer immer unerträglicher werdenden seelischen Belastung durch Flucht: Am 11. September 1772 verließ er heimlich Wetzlar, ohne sich von den Freunden zu verabschieden. Zu Fuß wanderte er durch das Lahntal nach Ems, vorbei an den «wohlgelegenen Schlössern und Ortschaften» Weilburg, Limburg, Diez und Nassau. Die Flucht von Wetzlar sollte ihm auch Klarheit über seinen künftigen Lebensweg bringen: Bestimmte ihn seine Begabung zum Schriftsteller oder zum Maler? «Ich wanderte auf dem rechten Ufer des Flusses, der in einiger Tiefe und Entfernung unter mir, von reichem Weidengebüsch zum Teil verdeckt, im Sonnenlicht hingleitete. Da stieg in mir der alte Wunsch wieder auf, solche Gegenstände würdig nachahmen zu können. Zufällig hatte ich ein schönes Taschenmesser in der linken Hand, und in dem Augenblick trat aus dem tiefen Grunde der Seele gleichsam befehlshaberisch hervor: ich sollte dies Messer ungesäumt in den Fluß schleudern. Sähe ich es hineinfallen, so würde mein künstlerischer Wunsch erfüllt werden; würde aber das Eintauchen des Messers durch die überhängenden Weidenbüsche verdeckt, so sollte ich Wunsch und Bemühung fahren lassen. So schnell als diese Grille in mir aufstieg, war sie auch ausgeführt. Denn ohne auf die Brauchbarkeit des Messers zu sehn, das gar manche Gerätschaften in sich vereinigte, schleuderte ich es mit der Linken, wie ich es hielt, gewaltsam nach dem Flusse hin. Aber auch hier mußte ich die trügliche Zweideutigkeit der Orakel, über die man sich im Altertum so bitter beklagt, erfahren. Des Messers Eintauchen in den Fluß ward mir durch die letzten Weidenzweige verborgen, aber das dem Sturz entgegenwirkende Wasser sprang wie eine starke Fontäne in die Höhe und war mir vollkommen sichtbar. Ich legte diese Erscheinung nicht zu meinen Gunsten aus, und der durch sie in mir erregte Zweifel war in der Folge schuld, daß ich diese Übungen unterbrochner und fahrlässiger anstellte, und dadurch selbst Anlaß gab, daß die Deutung des Orakels sich erfüllte.»

Selbstgestellte Orakel haben es an sich, den – vielleicht auch unbewußten – geheimen Wünschen des Befragers zu entsprechen. Darum wäre es müßig, hier jetzt der Frage nachzugehen: Und wenn er Maler geworden wäre? Natürlich wäre er es nicht geworden, und so gern und viel Goethe auch zeichnete: Er war sich der Begrenztheit seines zeichnerischen Talents bewußt. Und hätte es eines Orakels bedurft: Der ungeheure Erfolg seines ersten Romans «Die Leiden des jungen Werthers» wies seinem Autor unmißverständlich die Lebensaufgabe des Schriftstellers zu.

Goethe hat den Roman von Anfang Februar bis Mai 1774 geschrieben, also in sehr kurzer Zeit. Die Liebesbeziehung zu Lotte, die enttäuschende Ehe der Maximiliane von La Roche und schließlich der Selbstmord des sich persönlich zurückgesetzt fühlenden jungen Jerusalem: Sie lieferten Stoffe und Anstöße, aber was dann im September 1774 die Druckerpresse verließ (übrigens anonym, erst die 2. Auflage im Jahr darauf trug Goethes Namen), war beileibe kein Schlüsselroman, auch wenn sich das junge Ehepaar Kestner, nun in Hannover lebend, recht betroffen zeigte. «Werthers Lotte» zu sein, mochte für die junge Frau Kestner zunächst wohl belastend sein, aber später hat sie unter dieser literarischen Bürde nicht unbedingt gelitten.

«Die Leiden des jungen Werthers», schon bald nach Erscheinen in viele Sprachen übersetzt, machte seinen Autor in kürzester Zeit international bekannt. Von nun an war der Name Goethe so etwas wie ein Gütezeichen. Und mochte es auch Goethe nicht recht sein, noch nach Jahrzehnten immer nur als Dichter des «Werther» zu gelten – was sich erst mit dem Erscheinen des «Faust I» (1808) zu ändern begann –, zuwider war es ihm auch nicht, denn Ruhm hat er nie verschmäht. «Liebes Kind», sagte er 1829 zu Eckermann, «ein Name ist nichts Geringes. Hat doch Napoleon eines großen Namens wegen fast die halbe Welt in Stücke geschlagen!» Und eben Napoleon sprach mit Goethe auf dem Erfurter Kongreß 1808 ausdrücklich als mit dem Verfasser des «Werther», den der Kaiser siebenmal gelesen zu haben vorgab. Das geschah in dem Jahr, als «Faust, eine Tragödie» gerade erschienen war.

Weilburg an der Lahn

Nach dem jähen Aufbruch aus Wetzlar folgt Goethe einer Verabredung mit Merck, sich in Koblenz bei Sophie von La Roche zu treffen. Er liebt Fußwanderungen, nennt sich selbst gern « Der Wanderer » und beschließt, auch die Strecke von Wetzlar nach Koblenz zu Fuß zurückzulegen. « Ich hatte mein Gepäck nach Frankfurt, und was ich unterwegs brauchen konnte, durch eine Gelegenheit die Lahn hinunter gesendet, und wanderte nun diesen schönen, durch seine Krümmungen lieblichen, in seinen Ufern so mannigfaltigen Fluß hinunter, dem Entschluß nach frei, dem Gefühle nach befangen, in einem Zustande, in welchem uns die Gegenwart der stummlebendigen Natur so wohltätig ist. Mein Auge, geübt die malerischen und übermalerischen Schönheiten der Landschaft zu entdecken, schwelgte in Betrachtung der Nähen und Fernen, der bebuschten Felsen, der sonnigen Wipfel, der feuchten Gründe, der thronenden Schlösser und der aus der Ferne lockenden blauen Bergreihen. » Zu den « thronenden Schlössern » zählt auch die über der Lahn gelegene Abtei Arnstein; sie selbst wird Goethe erst am 13. Juli 1815 kennenlernen.

Abtei Arnstein über der Lahn

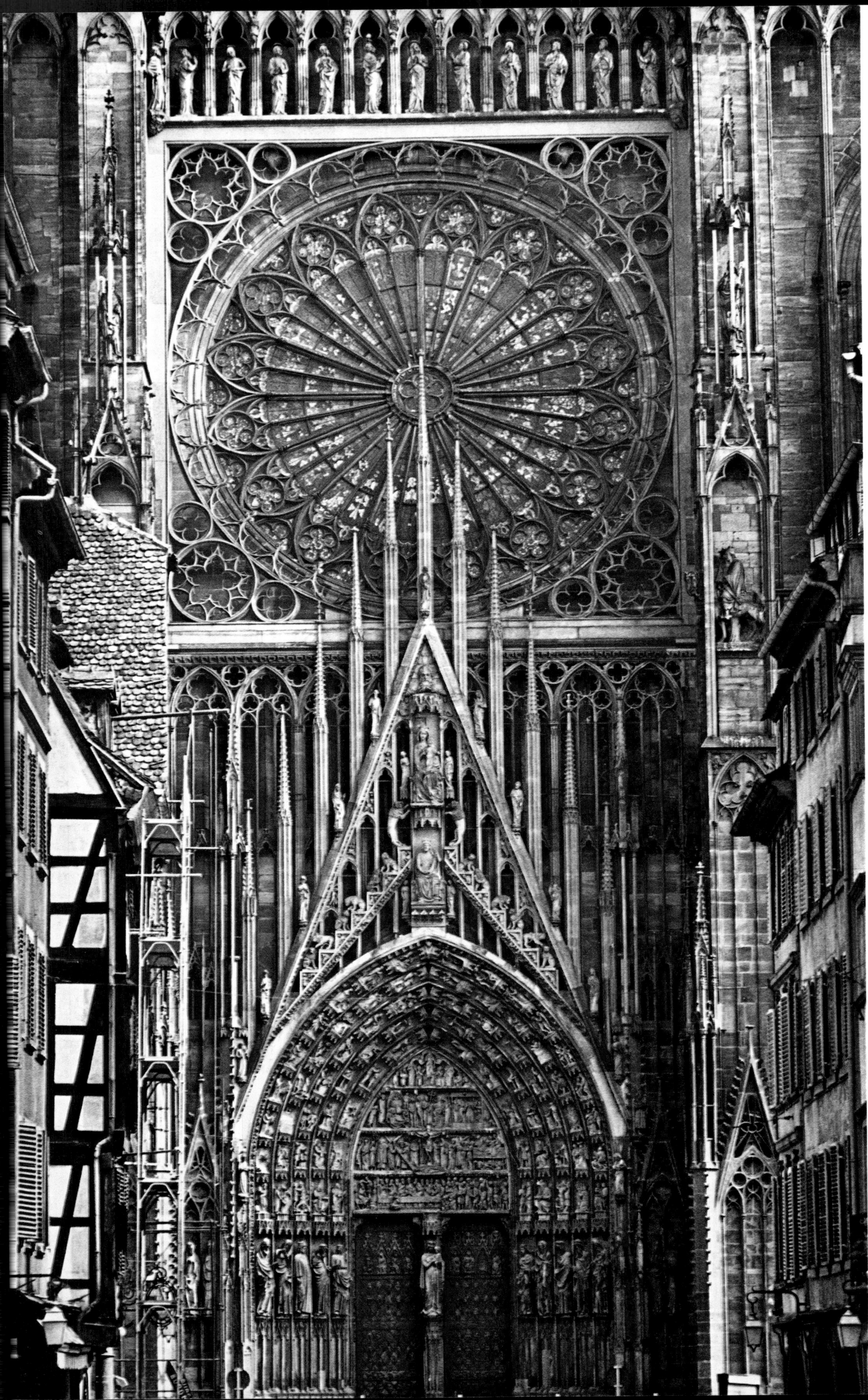

Ende März, Anfang April 1770 war Goethe in Straßburg eingetroffen, um hier sein Jurastudium fortzusetzen und abzuschließen. Gleich nach seiner Ankunft war es sein Erstes, die Plattform des Münsters «eiligst» aufzusuchen, um sich ein Bild von der Lage der Stadt und ihrer Umgebung zu machen. Der Anblick der reichgegliederten Münsterfront inspirierte ihn im November 1772 zu dem Aufsatz «Von deutscher Baukunst», in dem er die Schönheit der damals noch mißachteten Gotik entdeckte: «Mit welcher unerwarteten Empfindung überraschte mich der Anblick, als ich davor trat! Ein ganzer, großer Eindruck füllte meine Seele, den, weil er aus tausend harmonierenden Einzelheiten bestand, ich wohl schmecken und genießen, keineswegs aber erkennen und erklären konnte. Sie sagen, daß es also mit den Freuden des Himmels sei, und wie oft bin ich zurückgekehrt, diese himmlisch-irdische Freude zu genießen, den Riesengeist unsrer ältern Brüder in ihren Werken zu umfassen. Wie oft bin ich zurückgekehrt, von allen Seiten, aus allen Entfernungen, in jedem Lichte des Tags, zu schauen seine Würde und Herrlichkeit.» Ein Vierteljahrhundert später werden diese enthusiasmierten Sätze Anstoß für die junge deutsche Romantik, für sich die Gotik wiederzuentdecken.

Straßburg, Hauptportal
und Rosette des Münsters

Straßburg, Münster

Goethe promovierte am 6. August 1771 in Straßburg zum Lizentiaten der Rechte und verließ die Stadt acht Tage später. Noch einmal war er hier: am 26. September 1779, unterwegs in die Schweiz. Das Erlebnis des Straßburger Münsters, in dem ihm zum erstenmal ein Meisterwerk gotischer Architektur begegnete, hat ihn nachhaltig beschäftigt. Noch Jahrzehnte später erinnerte er sich genau an den Eindruck nach der ersten Turmbesteigung: « Herabgestiegen von der Höhe verweilte ich noch eine Zeitlang vor dem Angesicht des ehrwürdigen Gebäudes; aber was ich mir weder das erste Mal noch in der nächsten Zeit ganz deutlich machen konnte, war, daß ich dieses Wunderwerk wie ein Ungeheures gewahrte, das mich hätte erschrecken müssen, wenn es mir nicht zugleich als ein Geregeltes faßlich und als ein Ausgearbeitetes sogar angenehm vorgekommen wäre. Ich beschäftigte mich doch keineswegs diesem Widerspruch nachzudenken, sondern ließ ein so erstaunliches Denkmal durch seine Gegenwart ruhig auf mich fortwirken. »

Etwa 45 Jahre, nachdem er zum erstenmal über die Dächer Straßburgs geblickt hatte, reimte Goethe im «Buch der Sprüche» seines «Westöstlichen Divans»: «Soll ich dir die Gegend zeigen, / Mußt du erst das Dach besteigen.» Die Gewohnheit, sich beim ersten Kennenlernen einer fremden Stadt zunächst einmal einen Überblick von oben zu verschaffen, ist ihm seit Straßburg geblieben.

Straßburg, Blick vom Münster auf die Dächer der Altstadt

Sesenheim im Elsaß

Durch den Medizinstudenten Friedrich Leopold Weyland lernte Goethe Anfang Oktober 1770 die Familie des Pfarrers Brion in Sesenheim kennen, der «sechs Stunden von Straßburg im Besitz einer guten Pfarre mit einer verständigen Frau und ein paar liebenswürdigen Töchtern lebte». Von dieser Liebenswürdigkeit überzeugte sich Goethe sehr schnell, als er die achtzehnjährige Friederike kennenlernte.

«Liebe, liebe Freundin», schrieb er ihr am 15. Oktober, wieder zurück in Straßburg, «ob ich Ihnen was zu sagen habe, ist wohl keine Frage; ob ich aber just weiß, warum ich eben jetzo schreiben will, und was ich schreiben möchte, das ist ein anders: soviel merk ich an einer gewissen innerlichen Unruhe, daß ich gerne bei Ihnen sein möchte ...» Und das ist schon zwei Wochen später der Fall, und im Frühsommer des nächsten Jahres bleibt er sogar über einen Monat in Sesenheim bei der Freundin, die seine Liebe erwidert. Diese Liebe zu Friederike hat Gedichte wie «Willkommen und Abschied» oder « Mailied» inspiriert; ihre Erscheinung ist in einige Frauengestalten der Dramen eingegangen. Aber Goethe konnte und wollte sich nicht binden. Als er sich im August 1771 verabschiedete, sagte er dem Mädchen nicht, daß es ein Abschied für immer sein müsse. «Mir war sehr übel zumute.» Er hat sie am 25. September 1779 noch einmal wiedergesehen, auf der Durchreise in die Schweiz: « Die zweite Tochter vom Hause hatte mich ehmals geliebt, schöner als ich's verdiente, und mehr als andre, an die ich viel Leidenschaft und Treue verwendet habe», schrieb er damals an Charlotte von Stein, «ich mußte sie in einem Augenblick verlassen, wo es ihr fast das Leben kostete, sie ging leise drüber weg, mir zu sagen, was ihr von einer Krankheit jener Zeit noch überbliebe, betrug sich allerliebst mit soviel herzlicher Freundschaft (...), daß mir's ganz wohl wurde. Nachsagen muß ich ihr, daß sie auch nicht durch die leiseste Berührung irgendein altes Gefühl in meiner Seele zu wecken unternahm.» – Das Pfarrhaus von Sesenheim (heute Sessenheim) steht nicht mehr, es war damals schon baufällig. Erhalten geblieben aber ist die ehemalige Scheune des Pfarrhofs.

Ueber Goslar hatte Goethe rasch sein Urteil gefällt: Das sei die «Reichsstadt, die in und mit ihren Privilegien vermodert», schreibt er am 7. Dezember 1777 in sein Tagebuch. Hier hält er sich am 4., 5. und 6. Dezember auf, Ausgangspunkt für Erkundungsfahrten, die dem sanierungsbedürftigen Bergbau des Herzogtums Sachsen-Weimar gelten. «Hier bin ich nun wieder in Mauern und Dächern des Altertums versenkt», schreibt er an Charlotte von Stein, wobei das Wort «Altertum» hier nicht den gewohnten guten Klang hat.

Am 29. November 1777 war er von Weimar aufgebrochen, zu Pferd, und so plötzlich und unerwartet wie so oft bei seinen Reisen. Das Tagebuch verzeichnet: «Früh gegen sieben ab übern Ettersberg in scharfen Schlossen. 20 Minuten auf 1 in Weißensee. Stürmisch gebrochen Wetter, reine Ruh in der Seele, Sonnenblicke mitunter. Abends nach 4 in Greußen. Mußte schon halt machen, es brach die Nacht ein.» Was wollte er um diese Jahreszeit im Harz? Zum einen diente die Reise einer seiner amtlichen Inspektionen des Bergwesens, aber natürlich war noch mehr im Spiel. Diese Reise sollte eine Zäsur legen in die neue Weimarer Zeit, wohl auch Abstand schaffen zur jungen Liebe zu Charlotte von Stein. Sie war ein Ausbruch, ein geistiges Luftschöpfen; es galt, Klarheit über sich selbst und über die neugesetzten Aufgaben zu gewinnen. Um sich unerkannt ein Bild machen zu können, gab Goethe vor, ein Maler Weber aus Darmstadt zu sein. «Wie sehr ich wieder, auf diesem dunklen Zug, Liebe zu der Klasse von Menschen gekriegt habe, die man die niedere nennt! Die aber gewiß für Gott die höchste ist», schreibt er an Charlotte von Stein. «Da sind doch alle Tugenden beisammen, Beschränktheit, Genügsamkeit, grader Sinn, Treue, Freude über das leidlichste Gut, Harmlosigkeit, Dulden – Dulden – Ausharren in un- – ich will mich nicht in Ausrufen verlieren.»

Natürlich ließ sich das Inkognito für Goethe nicht immer wahren. Er leitete ja die Bergwerkskommission, und wenn er auf dieser Reise die Bergwerke sowie die messing- und silberverarbeitende Industrie besuchte und dabei selbst in die Schächte einfuhr, so tat er das selbstverständlich in amtlicher Funktion. Unterwegs von Ort zu Ort aber spielte er den Maler. Aber es gab noch einen Reisegrund. Schon seit längerem stand er im Briefwechsel mit einem jungen schwermütigen Mann: «Alle seine wiederholten zudringlichen Äußerungen waren anziehend und abstoßend zugleich, daß endlich, bei einer immer aufgeforderten und wieder gedämpften Teilnahme die Neugier rege ward, welchen Körper sich ein so wunderlicher Geist gebildet habe? Ich wollte den Jüngling sehen, aber unerkannt, und deshalb hatte ich mich eigentlich auf den Weg begeben.» Er traf den Briefpartner in Wernigerode, Sohn des dortigen Pfarrers Plessing, gab sich aber nicht zu erkennen. Der selbstquälerische junge Plessing ging in das Gedicht «Harzreise im Winter» ein, zu dem der Keim schon am dritten Reisetag gelegt wurde. Denn da steht im Tagebuch: «Felsen und Bergweg. Gelindes Wetter, leiser Regen. – Dem Geier gleich.» Und das sind die ersten Verse:

Dem Geier gleich,
Der auf schweren Morgenwolken
Mit sanftem Fittich ruhend
Nach Beute schaut,
Schwebe mein Lied.

Goethe wünscht den Brocken, die höchste Erhebung des Harzes, zu besteigen. Aber ein Förster warnt ihn: Es ist Winter, 10. Dezember, und der Schnee liegt über einen halben Meter hoch, außerdem zieht sich Nebel um den Berg. Aber Goethe setzt sich durch. Die beiden Männer machen sich auf den Weg, und überglücklich meldet der Dichter seiner Freundin in Weimar: «Ich hab's nicht geglaubt bis auf der obersten Klippe. Alle Nebel lagen unten, und oben war herrliche Klarheit.» Im Tagebuch heißt es: «Heitrer ehrlicher Augenblick, die ganze Welt in Wolken und Nebel und oben alles heiter. Was ist der Mensch, daß du sein gedenkst.»

Seit dieser achtzehn Tage währenden Reise hat sich Goethe so intensiv des zum Erliegen gekommenen Bergbaus angenommen, daß sieben Jahre später das Unternehmen neu begonnen werden konnte. Ob Gesteinsuntersuchungen, Schmelzversuche, Verpflegung der Bergleute, Einrichtung einer Knappschaftskasse, Berufung eines Bergarztes und schließlich sogar den von ihm selbst initiierten Verkauf von Anteilen zur Finanzierung bis zur Herstellung einer Bergwerkskarte: Dies alles hatte Goethe organisieren und verwirklichen können. «Der Nutzen, den das auf meinen phantastischen Sinn hat, mit lauter Menschen umzugehn, die ein bestimmtes, einfaches, dauerndes, wichtiges Geschäft haben, ist unsäglich. Es ist wie ein kaltes Bad, das einen aus einer bürgerlich wollüstigen Abspannung wieder zu einem neuen kräftigen Leben zusammenzieht.»

Noch zweimal hat er Harzreisen unternommen: 1783 und 1784. Aber keine wurde so sehr Geniereise wie die erste, und keine brachte so reichen poetischen Ertrag. «Abstrus» wird der alte Goethe später sein Gedicht «Harzreise im Winter» nennen, als ihm die Erlebniswelt seiner jungen Jahre ferngerückt war. Er hat den Harz in die Walpurgisnacht des «Faust I» aufgenommen und auch auf späteren Reisen nach Italien und Böhmen diese Landschaft immer wieder zu Vergleichen herangezogen.

Goethe hat den Brocken, mit 1142 Metern die höchste Erhebung des Harzes, dreimal bestiegen, zuerst am 10. Dezember 1777. « Nun, Liebste, tret ich vor die Türe hinaus, da liegt der Brocken im hohen herrlichen Mondschein über den Fichten vor mir, und ich war oben heut und habe auf dem Teufelsaltar meinem Gott den liebsten Dank geopfert », schreibt er noch am selben Tag an Charlotte von Stein. Die Granitblöcke im Vordergrund bilden den Gipfel der Achtermannshöhe, auf der Goethe fünf Jahre später Gesteinsproben sammelte.

Blick auf den Brocken
von der Achtermannshöhe

Goethes Weg zum Brocken

In Dickichts-Schauer
Drängt sich das rauhe Wild,
Und mit den Sperlingen
Haben längst die Reichen
In ihre Sümpfe sich gesenkt.

Leicht ists folgen dem Wagen,
Den Fortuna führt,
Wie der gemächliche Troß
Auf gebesserten Wegen
Hinter des Fürsten Einzug.

Aber abseits wer ists?
Ins Gebüsch verliert sich sein Pfad,
Hinter ihm schlagen
Die Sträuche zusammen,
Das Gras steht wieder auf,
Die Öde verschlingt ihn.

aus: «Harzreise im Winter»

Als Goethe am 12. September 1779 (gemeinsam mit dem Herzog Carl August und dem Oberforstmeister von Wedel) zur Reise in die Schweiz aufbrach, lagen fast vier Jahre Aufenthalt und Tätigkeit in Weimar hinter ihm. In diesen vier Jahren hatte sich der Dichter – Weimarer Bürger, Geheimer Legationsrat, Direktor des Wegebaus, Geheimer Rat, zuständig für alle Bergwerksangelegenheiten des Herzogtums und für die Kriegskommission – nicht nur im Ländchen umgetan, sondern auch vielfältige harte Arbeit nebst trockenem Aktenstudium geleistet. Was kaum jemand für möglich gehalten hatte: Der verwöhnte Frankfurter Bürgersohn, das quirlige Genie, das Wunderkind der deutschen Literatur war in diesen vier Jahren ein erfahrener Mann der Verwaltung geworden, fest entschlossen, seinen Landesherrn nicht nur auf ausgelassene Ausflüge zu begleiten, sondern das heruntergekommene Herzogtum sanieren zu helfen. Was Goethe für die innere Organisation dieses Zwergstaats geleistet hat, ist beeindruckend schon allein durch den Arbeitsaufwand. Und imponiert durch den stets ausgeführten Vorsatz, sich überall selbst ein Bild von den Zuständen und den vorhandenen Möglichkeiten zu schaffen. Kein Minister heute würde sich auch nur annähernd den Mühen unterwerfen, die Goethe auf sich nahm. Zu Fuß und zu Pferd hat er

das ihm anvertraute Land inspiziert, und die Arbeitsbeschaffung für eine verelendete Bevölkerung und die Wiederinstandsetzung aufgegebener Bergwerksschächte war ihm in dieser Zeit genauso wichtig (wenn nicht wichtiger), wie die Vollendung einer Dichtung.

Gewiß, auch diese kam nicht zu kurz, auch wenn in jenen Jahren nur «Stella» und «Claudine von Villa Bella» gedruckt werden. Goethe beginnt damals «Wilhelm Meisters theatralische Sendung», er vollendet das erste Buch von «Wilhelm Meisters Lehrjahre», er schreibt die Schauspiele «Die Geschwister», «Die Mitschuldigen», «Jahrmarktsfest zu Plundersweilern», «Die Laune des Verliebten», er arbeitet an «Egmont» und vollendet die Prosafassung der «Iphigenie». Daneben entstehen Gedichte wie «An den Mond» und «Harzreise im Winter».

Der Dreißigjährige, der jetzt zur ersten Auslandreise mit dem Landesherrn aufbricht, ist ein reifer Mann geworden, der sich seiner verantwortungsvollen Aufgabe bewußt ist. Wohl ist er der Günstling eines deutschen Duodezfürsten, wie es deren manche gab. Von denen unterscheidet er sich vor allem durch seinen überlegenen Geist, vor allem aber, daß er den Verlockungen der Muße und eines genialischen Allotria die ganz persönlich verstandene Verantwortung entgegensetzt und in konsequenter Arbeit zu verwirklichen trachtet. Zu Pferd auf einsamen Harzwegen entstehen nicht nur Verse, sondern fast mehr noch Überlegungen zur wirtschaftlichen, sozialen und politischen Situation seiner neuen Heimat. So desolat sie auch ist, um so entschiedener wird sie von Goethe angepackt und zum Teil auch bemerkenswert gemeistert. Aus dem genialen Musensohn ist ein Mann geworden, der nie vergißt, daß er die Verantwortung für Menschen trägt, denen der Hunger viel näher ist als seine Verse.

Schweizer Reisen

«Wen nicht große Zwecke in
die Fremde treiben, der bleibt weit glücklicher
zu Hause. Die Schweiz machte anfänglich auf mich so großen
Eindruck, daß ich dadurch verwirrt und beunruhigt
wurde; erst bei wiederholtem Aufenthalt, erst in späteren Jahren,
wo ich die Gebirge bloß in mineralogischer Hinsicht
betrachtete, konnte ich mich ruhig
mit ihnen befassen.»

Goethe hat die Schweiz dreimal bereist: 1775 als knapp Sechsundzwanzigjähriger, 1779 mit dreißig und 1797 mit achtundvierzig Jahren. Aber nicht nur die Lebensalter selbst setzen natürliche Zäsuren; die Wandlungen in Goethes Charakter waren weit einschneidender und entsprechend auch die jeweilige Motivierung zur Reise. Will man sie auf eine Formel bringen, so ließe sich sagen: Flucht (1775) – Erziehung (1779) – Studium (1797).

Die erste Reise war, anders als die beiden späteren, eigentlich nicht vorgesehen. Zu Anfang Mai 1775 erschien eine lustige und ausgelassene Gesellschaft in Frankfurt: die Grafen Stolberg, 27 und 25 Jahre alt, mit ihrem Freund Graf Haugwitz, 23 Jahre alt. Sie besuchten Goethe, zechten mit ihm, und alle nannten sich nach dem alten Volksbuch «die vier Haimonskinder» und dementsprechend Goethes Mutter «Frau Aja», was der so gut gefiel, daß sie sich von nun an selbst diesen Namen beilegte. Die jungen Grafen wollten in die Schweiz und überredeten Goethe zum Mitkommen, und da der «Werther» damals allenthalben Furore machte, lag es nahe, sich à la Werther zu kleiden: blauer Frack, gelbe Weste, Stulpenstiefel.

Am 14. Mai reisten sie ab, am 9. Juni war man in Zürich. Wie viele Reisen Goethes trug auch diese das Zeichen der Flucht, der Flucht vor Lili Schönemann, mit der er sich im April verlobt hatte. Die Reise soll Distanz legen, er will sich über sein wahres Verhältnis zu ihr Klarheit schaffen. Die jungen Leute veranstalten Bootsfahrten auf dem Zürichsee, am 16. Juni ist die ausgelassene Gesellschaft in Schwyz. «Müd und munter vom Bergabspringen, voll Dursts und Lachens. Gejauchzt bis zwölf», steht in Goethes Tagebuch. Ausgelassenheit und Lebenslust bestimmen diese Reise. Die jungen Männer nutzen jede Gelegen-

heit, nackt zu baden. Damit hatten sie schon auf der Hinreise in Deutschland die guten Bürger verschreckt; in der Schweiz hat man für solche heidnische Zuchtlosigkeit noch weniger Verständnis. Die Badenden werden mit Steinwürfen bedacht, und Lavater, Pfarrer in Zürich, Freund und Gönner der jungen Leute, bekommt wegen ihrer Freizügigkeit arge Scherereien. Es ist eine Zeit, die eben beginnt, die Schönheit des nackten Körpers wiederzuentdecken und «zur Natur» zurückzukehren. Und gerade im Lande Rousseaus, inmitten unberührter Natur, glauben diese jungen Männer sich einige Freiheiten herausnehmen zu müssen, wobei ihr Nacktbaden etwas latent Exhibitionistisches hat.

«Des Wasserfalls Rauschen. Der Brunnenröhre Plätschern. Waldhorn», sind Stichworte des Tagebuchs, die das Verschwärmte dieser Reise markieren: «Allmächtig schröcklich.» Aber Goethe ist seiner Begleiter bald überdrüssig. Er trennt sich in Einsiedeln von ihnen und setzt mit dem 25 Jahre alten Jakob Ludwig Passavant, den er in Zürich kennengelernt hat, die Reise allein fort, die ihn bis auf die Höhe des Sankt Gotthards führt. Von hier sieht er Italien vor sich liegen, sein Gefährte drängt, dorthin weiterzureisen, aber die Sehnsucht nach Lili treibt Goethe zurück. Die Flucht hat keine Klarheit gebracht, erst die zweite nach Weimar, wenige Monate später, bringt die Entscheidung und die Auflösung der Verlobung.

Als Fazit der Reise gehen an Sophie von La Roche die Sätze: «Mir ist's wohl, daß ich ein Land kenne wie die Schweiz ist, nun geh mir's, wie's wolle, hab ich doch immer da einen Zufluchtsort.» Und an Knebel: «Ich bin wieder hier, habe die liebe heilige Schweiz deutscher Nation durchwallfahrtet und finde mich um ein guts besser und ganz zufrieden mit dem Vergangenen und hoffnungsvoll auf die Zukunft.» Das schreibt er am 1. August 1775, und von der Zukunft trennt ihn nur noch ein Vierteljahr, dann ist er in Weimar und wird dort sein Leben lang bleiben.

Als Goethe dann vier Jahre später gemeinsam mit dem Herzog Carl August und dem Kammerherrn von Wedel ein zweites Mal in die Schweiz reist, ist er ein anderer. Er hat gelernt, Verantwortung zu tragen, Verantwortung für ein kleines Land, Verantwortung aber auch für dessen Herzog. Die Reise, die er jetzt mit ihm unternimmt, ist so etwas wie eine Bildungsreise für Carl August, sie ist Teil seiner ihm von Goethe zugedachten Erziehung, ohne daß er davon weiß. Der junge Fürst, voll Vitalität und Draufgängertum, bekommt eine *tour de force* verschrieben, wie sie seiner Jugendkraft angemessen ist, die ihm aber auch zugleich den Blick weiten soll für die Größe der Natur, die sich in den mächtigen Gebirgsmassiven am klarsten offenbart.

Zürich: Limmat und Großmünster, vom Gasthof zum «Schwert» aus

Diese zweite Schweizerreise, begonnen am 12. September 1779, kennt nicht mehr die idyllischen, genialisch-verschwärmten Züge der ersten. Übrigens hat sie auch einen ganz praktischen Zweck: Es geht darum, in Bern für das kleine Herzogtum einen Kredit zu beschaffen zur Sanierung des Landes. Erst nachdem dies erreicht ist, beginnt das Naturerlebnis. Am 14. Oktober geht an Charlotte von Stein diese Zwischenbilanz: «Wär ich allein gewesen, ich wäre höher und tiefer gegangen, aber mit dem Herzog muß ich tun, was mäßig ist. Doch könnt ich uns mehr erlauben, wenn er die böse Art nicht hätte, den Speck zu spicken, und, wenn man auf dem Gipfel des Bergs mit Müh und Gefahr ist, noch ein Stiegelgen ohne Zweck und Not mit Müh und Gefahr suchte. Ich bin auch einigemal unmutig in mir drüber geworden, daß ich heut Nacht geträumt habe, ich hätte mich drüber mit ihm überworfen, wäre von ihm gegangen und hätte die Leute, die er mir nachschickte, mit allerlei Listen hintergangen. Wenn ich aber wieder sehe, wie jedem der Pfahl ins Fleisch geben ist, den er zu schleppen hat, und wie er sonst von dieser Reise wahren Nutzen hat, ist alles wieder weg. Er hat gar eine gute Art von Aufpassen, Teilnehmen und Neugier, beschämt mich oft, wenn er da anhaltend oder dringend ist, etwas zu sehen oder zu erfahren, wenn ich oft am Flecke vergessen oder gleichgültig bin.»

Die Reise führt weiter über Lausanne, Genf, durchs Wallis über den Furka-Paß auf den Gotthard. Die Strapazen sind beträchtlich, denn es ist inzwischen November geworden, es ist bitterkalt, und der Schnee liegt hoch. «Mit unsäglichem Glück haben wir die Reise bis hierher gemacht», schreibt Goethe am 29. November aus Zürich, «und hoffen ein gleiches auf die Zukunft. Es wird eine Menge zu erzählen geben, wir sind durch einen großen Reichtum von Gegenständen gegangen, und die Abwechslung hat uns immer wie auf Wellen getragen. Von Menschen sehr wenig.»

Von den Menschen ist er auch wenig angetan: «Man wünschte eine längere Zeit des Aufenthalts genießen zu können», schreibt er über die Gegend von Sion: «Doch unterbricht die Häßlichkeit der Städte und der Menschen die angenehmen Empfindungen, welche die Landschaft erregt, gar sehr. Die scheußlichen Kröpfe haben mich ganz und gar üblen Humors gemacht. (...) Hier in Sion ist das Wirtshaus abscheulich, und die Stadt hat ein widriges, schwarzes Ansehn.» Später wird Goethe ein wenig milder: «Ich bemerke, daß ich in meinem Schreiben der Menschen wenig erwähne; sie sind auch unter diesen großen Gegenständen der Natur, besonders im Vorbeigehen, minder merkwürdig. Ich zweifle nicht, daß man bei längerem Aufenthalt gar interessante und gute Leute finden würde. Eins glaub' ich überall zu bemerken: je weiter man von der Landstraße und dem größern Gewerbe der Menschen abkommt, je mehr in den Gebirgen die Menschen beschränkt, abgeschnitten und auf die allerersten Bedürfnisse des Lebens zurückgewiesen sind, je mehr sie sich von einem einfachen, langsamen, unveränderlichen Erwerbe nähren; desto besser, willfähriger, freundlicher, uneigennütziger, gastfreier bei ihrer Armut hab' ich sie gefunden.» Dieses gerechtere Urteil wird Goethe allerdings nicht hindern, 1796 – getarnt als «Werthers Papiere» – einige «Briefe aus der Schweiz» zu schreiben, die äußerst bissig die Schweiz und ihre Bewohner kritisieren.

Ein Jahr später – am 30. Juli 1797 – bricht er zu seiner dritten und letzten Schweizer Reise auf. Vor zehn Jahren ist er in Italien gewesen, und zunächst besteht die Absicht, von der Schweiz aus Italien wiederzusehen. Aus alten römischen Tagen sieht er Heinrich Meyer wieder, der ihm damals die Kunstwerke erklärt hatte. Das ist am 20. September in Zürich. Auf den beiden früheren Reisen war er hier bei Lavater eingekehrt, aber das ist jetzt abgetan. So sehr er ihn früher bewundert hatte, jetzt empfindet Goethe für den acht Jahre Älteren, den Pfarrer an der Zürcher Peterskirche, eine Verachtung, die fast an Haß grenzt. Denn er, Goethe, ist der «dezidierte Nichtchrist», der für das Christentum, wie es die Kirche verkündet, in zunehmendem Maße Abscheu empfindet. Man darf nicht übersehen, daß zwischen der zweiten und dritten Schweizerreise die beiden Italien-Aufenthalte liegen, die Goethe in seiner antiklerikalen Einstellung mächtig bestärkt haben. Es ist auch kein Zufall, daß sich unter den «Venezianischen Epigrammen» mehrere finden, die sowohl von großer erotischer Kühnheit wie von unversöhnlicher Kirchenfeindschaft sind; Goethe selbst hat sie aus guten Gründen nie veröffentlicht.

Nein, Lavater war abgetan, daran vermochten auch die Bemühungen gemeinsamer Freunde im Kreis um Barbara Schultheß nichts zu ändern, und Bäbe, Duz-Freundin und Briefpartnerin Goethes seit über zwanzig Jahren, litt schwer darunter.

Landgut «Schipf» bei Herrliberg am Zürichsee

Anders als bei den früheren Reisen stand diese letzte in die Schweiz im Zeichen mineralogischer Studien. Schon von unterwegs, aus Frankfurt, hatte er an Schiller geschrieben: «Für einen Reisenden geziemt sich ein skeptischer Realism, was noch idealistisch an mir ist, wird in einem Schatullchen, wohlverschlossen, mitgeführt.» Die Aufzeichnungen dieser Reise sind im doppelten Sinne lapidar: «Wir traten unsern Weg nach dem Gotthard an. Schiefricht Talkgestein. Etwas höher schöner Rückblick nach Amsteg. Eigentümlicher Charakter der Gegend; der Einblick hinaufwärts verkündigt das Ungeheure. Um halb viere war die Sonne schon hinter dem Berge. (…) Sehr schlechter Weg, flacheres Bette der Reuß. Brücke. Zweite Brücke. Nacht. Von der Höhe Rückblick in die Tiefe; die Lichter in den Häusern und Sägemühlen nahmen sich, in der ungeheuern nächtlichen Schlucht, gar vertraulich aus.»

Als Goethe am 25. Oktober wieder in Zürich ist, schreibt er an Schiller: «Wäre die Jahreszeit nicht so weit, so sähe ich mich wohl noch gern einen Monat in der Schweiz um, um mich von den Verhältnissen im ganzen zu unterrichten. Es ist wunderbar, wie alte Verfassungen, die bloß auf Sein und Erhalten gegründet sind, sich in Zeiten ausnehmen, wo alles zum Werden und Verändern strebt.» Einen Tag später verläßt er die Schweiz. «Ich war ein anderer Mensch geworden und also mußten mir die Gegenstände auch anders erscheinen» – dies war das knappe Resümee Goethes. Er kam zurück nach Weimar mit dem Plan zu einem Epos über Wilhelm Tell, das er schon am 14. Oktober Schiller in Aussicht gestellt hatte: «Was werden Sie nun aber sagen, wenn ich Ihnen vertraue, daß, zwischen allen diesen prosaischen Stoffen, sich auch ein poetischer hervorgetan hat, der mir viel Zutrauen einflößt. Ich bin fast überzeugt, daß die Fabel vom Tell sich werde episch behandeln lassen, und es würde dabei, wenn es mir, wie ich vorhabe, gelingt, der sonderbare Fall eintreten, daß das Märchen durch die Poesie erst zu seiner vollkommenen Wahrheit gelangte, anstatt daß man sonst um etwas zu leisten die Geschichte zur Fabel machen muß. Doch darüber künftig mehr. Das beschränkte, höchst bedeutende Lokal, worauf die Begebenheit spielt, habe ich mir wieder recht genau vergegenwärtigt, so wie ich die Charaktere, Sitten und Gebräuche der Menschen in diesen Gegenden, so gut als in der kurzen Zeit möglich, beobachtet habe, und es kommt nun auf gut Glück an, ob aus diesem Unternehmen etwas werden kann.»

Nun, es wurde bekanntlich nichts, jedenfalls nichts aus Goethes Epos. Wieder in Weimar, verlor der Dichter schon bald das Interesse an diesem Stoff und überließ ihn Schiller. Aber auch in Goethes Werk wirkte das Erlebnis der Schweizer Bergwelt nach: im ersten Akt des «Faust II», Sonnenaufgang im Gebirge:

Im Dämmerschein liegt schon die Welt erschlossen,
Der Wald ertönt von tausendstimmigem Leben;
Talaus, talein ist Nebelstreif ergossen,
Doch senkt sich Himmelsklarheit in die Tiefen,
Und Zweig und Äste, frisch erquickt, entsprossen
Dem duftgen Abgrund, wo versenkt sie schliefen;
Auch Farb an Farbe klärt sich los vom Grunde,
Wo Blum und Blatt von Zitterperle triefen:
Ein Paradies wird um mich her die Runde.

Hinaufgeschaut! – Der Berge Gipfelriesen
Verkünden schon die feierlichste Stunde;
Sie dürfen früh des ewigen Lichts genießen,
Das später sich zu uns herniederwendet.
Jetzt zu der Alpe grüngesenkten Wiesen
Wird neuer Glanz und Deutlichkeit gespendet,
Und stufenweis herab ist es gelungen –
Sie tritt hervor! – und leider schon geblendet,
Kehr ich mich weg, vom Augenschmerz durchdrungen.

So ist es also, wenn ein sehnend Hoffen
Dem höchsten Wunsch sich traulich zugerungen,
Erfüllungspforten findet flügeloffen;
Nun aber bricht aus jenen ewigen Gründen
Ein Flammenübermaß, wir stehn betroffen:
Des Lebens Fackel wollten wir entzünden,
Ein Feuermeer umschlingt uns, welch ein Feuer!
Ists Lieb? ists Haß? die glühend uns umwinden,
Mit Schmerz- und Freuden wechselnd ungeheuer,
So daß wir wieder nach der Erde blicken,
Zu bergen uns in jugendlichstem Schleier.

So bleibe denn die Sonne mir im Rücken!
Der Wassersturz, das Felsenriff durchbrausend,
Ihn schau ich an mit wachsendem Entzücken.
Von Sturz zu Sturzen wälzt er jetzt in tausend,
Dann abertausend Strömen sich ergießend,
Hoch in die Lüfte Schaum an Schäume sausend.
Allein wie herrlich, diesem Sturm ersprießend,
Wölbt sich des bunten Bogens Wechseldauer,
Bald rein gezeichnet, bald in Luft zerfließend,
Umher verbreitend duftig-kühle Schauer!
Der spiegelt ab das menschliche Bestreben.
Ihm sinne nach, und du begreifst genauer:
Am farbigen Abglanz haben wir das Leben.

Die drei Eidgenossen. Zeichnung von Heinrich Meyer nach Johann Heinrich Füßli

Vierwaldstätter See

«Nun soll es in einigen Tagen nach dem Vierwaldstätter See gehen. Die großen Naturszenen, die ihn umgeben, muß ich mir, da wir so nahe sind, wieder zum Anschauen bringen, denn die Rubrik dieser ungeheuren Felsen darf mir unter meinen Reisekapiteln nicht fehlen», schreibt Goethe am 25. September 1797 an Schiller, für dessen «Horen» er eine Beschreibung seiner Schweizer Reise versprochen hatte. Fünf Tage später ist er dort, beeindruckt von der «gestaltlosen Großheit der Natur», der er jetzt zum drittenmal gegenübertritt. «Diese reizende, herrliche und großartige Natur machte auf mich abermals einen solchen Eindruck, daß es mich anlockte, die Abwechslung und Fülle einer so unvergleichlichen Landschaft in einem Gedicht darzustellen», erzählte er dreißig Jahre später in Weimar einer Tischrunde. «Um aber in meine Darstellung mehr Reiz, Interesse und Leben zu bringen, hielt ich es für gut, den höchst bedeutenden Grund und Boden mit ebenso bedeutenden menschlichen Figuren zu staffieren, wo denn die Sage vom Tell mir als sehr erwünscht zustatten kam. (...) Von diesem schönen Gegenstande war ich ganz voll, und ich summte dazu schon gelegentlich meine Hexameter. Ich sah den See im ruhigen Mondschein, erleuchtete Nebel in den Tiefen der Gebirge. Ich sah ihn im Glanz der lieblichsten Morgensonne, ein Jauchzen und Leben in Wald und Wiesen. Dann stellte ich einen Sturm dar, einen Gewittersturm, der sich aus den Schluchten auf den See wirft. Auch fehlte es nicht an nächtlicher Stille und an heimlichen Zusammenkünften über Brücken und Stegen. Von allem diesem erzählte ich Schillern, in dessen Seele sich meine Landschaften und meine handelnden Figuren zu einem Drama bildeten. Und da ich andere Dinge zu tun hatte und die Ausführung meines Vorsatzes sich immer weiter verschob, so trat ich meinen Gegenstand Schillern völlig ab, der denn darauf sein bewundernswürdiges Gedicht schrieb.»

Lowerzer See mit Insel Schwanau und den beiden Mythen ob Schwyz

Von Schwyz kommend, besuchte Goethe den Lowerzer See erstmals am 17. Juni 1775: «Vor lauter Wonne sah man gar nichts.» Die Reisenden – Goethe und die Brüder Stolberg – ließen sich bei «herrlichem Sonnenschein» auf die Insel Schwanau übersetzen: «Zwei tüchtige Mädchen führten das Schiff, das war anmutig, wir ließen es geschehen. Auf der Insel langten wir an, wo sie sagen: hier habe der ehemalige Zwingherr gehaust; wie ihm auch sei, jetzt zwischen die Ruinen hat sich die Hütte des Waldbruders eingeschoben. Wir bestiegen den Rigi; um halb achte standen wir bei

der Mutter Gottes im Schnee; sodann an der Kapelle, am Kloster vorbei, im Wirtshaus Zum Ochsen.» Zweiundzwanzig Jahre später sieht er den Lowerzer See ein zweites Mal, am 29. September 1797: «Wir traten nun wieder aus der Nebelregion heraus, sahen den Lowerzer See, die Berge, die ihn einschließen, den schönen Raum, in welchem die Häuser von Schwyz liegen, und das angenehme Tal nach Brunnen hin. Die Berggipfel waren alle mit vielfachen Wolken und Nebeln bedeckt, so daß ihre Massen selten durchblickten und meist nur geahndet werden konnten. Ein seltsamer Schein in den Wolken und Nebeln zeigte den Untergang der Sonne an. Diese Hüllen lagen so gehäuft übereinander, daß man bei einbrechender Nacht nicht glaubte, daß es wieder Tag werden könne.»

Das Landgut «Schipf» bei Herrliberg am Zürichsee

Auf seiner dritten Schweizer Reise 1797 machte Goethe die Bekanntschaft des Zürcher Kaufmanns und Freihauptmanns Johannes Escher. «Wir kehrten bei Herrn Escher auf seinem Gute bei Herrliberg zu Mittage ein», notiert Goethe unter dem 21. September, und auch am 16., 21. und 22. Oktober war der Dichter hier zu Besuch. Eschers Landhaus, genannt «Die Schipf» veranlaßte Goethe zu einer Bemerkung, die Eschers Sohn, dem damals 22 Jahre alten Hans Kaspar, so denkwürdig er-

Festsaal in der «Schipf»

schien, daß er sie noch im hohen Alter Conrad Ferdinand Meyer erzählte: «Als mich der greise Escher einst durch den Schipfsaal führte, erzählte er mir, Goethe habe (...) auf einem Besuche in der Schipf, von seinem Freunde Meyer (...) gebracht, diesen Saal, in dessen Hintergrund er eine Orgel erblickte, mit den lustigen Worten: ‹Hier muß man tanzen› betreten und dann den ganzen großen Raum im Tanzschritte durchmessen.»

In keiner Stadt der Schweiz hat sich Goethe so oft aufgehalten wie in Zürich: Vom 9. bis 15. Juni und dann wieder vom 26. Juni bis 6. Juli 1775; vom 18. November bis 2. Dezember 1779; vom 17. bis 21. September und wieder vom 23. bis 26. Oktober 1797. Bei seinen Besuchen logierte er – wenn er nicht bei Lavater wohnte – im damaligen Gasthof «Zum Schwert», dessen Inhaber der Rittmeister Anton Ott war. «Wir sind schon eine Weile in Zürch *(sic!)*», schreibt Goethe am 30. November 1779, «und haben ein gutes Leben mit Lavatern, sehen alle Cabinets, Zeichnungen und Kupfer, Menschen und Tiere. Wohnen in einem allerschönsten Wirtshause, das an der Brücke steht, die die Stadt zusammenhängt, eine liebliche Aussicht auf den Fluß, See und Gebirge pp. Trefflich zu essen, gute Betten, und also alles, was sonst in bezauberten Schlössern, um Ritter zu erquicken, herbeigewinkt wird.»

Goethe ist gern in der «höchst gebildeten Stadt» gewesen, deren Lage er 1775 vom hochgelegenen Hause Bodmers aus genoß: «Man übersah vieles von dem, was sich von der großen Stadt nach der Tiefe senkte, die kleinere Stadt über der Limmat, sowie die Fruchtbarkeit des Sihlfeldes gegen Abend. Rückwärts links, einen Teil des Zürichsees mit seiner glänzend bewegten Fläche und seiner unendlichen Mannigfaltigkeit von abwechselnden Berg- und Talufern, Erhöhungen, dem Auge unfaßlichen Mannigfaltigkeiten; worauf man denn, geblendet von allem diesem, in der Ferne die blaue Reihe der höheren Gebirgsrücken, deren Gipfel zu benamsen man sich getraute, mit größter Sehnsucht zu schauen hatte.»

Was Goethe aber vor allem anzog, war jener Kreis, der damals die Kultur Zürichs mitbestimmte, wie der Pfarrer Johann Caspar Lavater, die Schriftsteller Johann Jakob Bodmer und Salomon Geßner, der Zeichner Johann Heinrich Lips, der Komponist Philipp Christoph Kayser und die kluge Barbara (Bäbe) Schultheß, Goethes langjährige Vertraute und Duz-Freundin. Der Kontakt mit diesem Zürcher Zirkel löste sich allmählich auf. Goethe verließ Zürich endgültig am 26. Oktober 1797 morgens um acht Uhr.

Zürich, Blick vom früheren
Gasthof «Zum Schwert» seewärts

Kloster Einsiedeln

«Nun sahen wir in einem öden baumlosen Tale die prächtige Kirche hervorsteigen» – dies ist im Juni 1775 Goethes erster Eindruck von der Kirche von Einsiedeln, niedergeschrieben allerdings erst Jahrzehnte später. Damals besuchten die jungen Leute – Goethe und die Brüder Stolberg – die Kirche und die Schatzkammer, wo eine Sammlung von Kronen und Krönchen, ein fossiler Schweinskopf und ein Kupferstich Schongauers dem Dichter als besonders merkwürdig im Gedächtnis blieben. Sie verzeichnet er auch beim zweiten Besuch am 29. September 1797, allerdings ohne die Krönchen, die er 1775 sich noch auf Lilis Kopf glänzend vorstellte, und jetzt heißt es: «Der Schatz wird nur zum Teil gezeigt, unter dem Vorwande, daß man nach dem Diebstahle die besten Sachen beiseitegebracht habe.» Kein Wort über das Äußere der Kirche, nur eine Rüge betrifft die «unsinnige Verzierung des Chors» im Innern.

Anders als die Menschen in Italien, werden die Schweizer in Goethes Reiseberichten meist unfreundlich bedacht. Da ist etwa von der «garstigen» Stadt Leuk die Rede: «Wie man auch nur hineintritt, so ekelt's einem, denn es ist überall unsauber; Mangel und ängstlicher Erwerb dieser privilegierten und freien Bewohner kommt überall zum Vorschein.» Klagen über schlechtes Essen und dürftigen Wein werden gelegentlich eingestreut, und selten findet sich der Hinweis, man sei «von sehr braven Leuten gar freundlich aufgenommen worden».

Auffällig ist die Formulierung «privilegierte und freie Bewohner» – sollte ihre Verkommenheit für Goethe bedingt sein durch ihre Freiheit? In diesem Zusammenhang ist die Polemik bemerkenswert, die er 1796 – ein Jahr vor der dritten Schweizerreise – veröffentlichte; sie sollte sich, so mystifiziert Goethe, «unter Werthers Papieren gefunden» haben:

«Frei wären die Schweizer? Frei diese wohlhabenden Bürger in den verschlossenen Städten? Frei diese armen Teufel an ihren Klippen und Felsen? Was man dem Menschen nicht alles weismachen kann! Besonders, wenn man so ein altes Märchen in Spiritus aufbewahrt. Sie machten sich einmal von einem Tyrannen los und konnten sich in einem Augenblick frei denken; nun erschuf ihnen die liebe Sonne aus dem Aas des Unterdrükkers einen Schwarm von kleinen Tyrannen durch eine sonderbare Wiedergeburt; nun erzählen sie das alte Märchen immer fort, man hört bis zum Überdruß: sie hätten sich einmal frei gemacht und wären frei geblieben; und nun sitzen sie hinter ihren Mauern, eingefangen von ihren Gewohnheiten und Gesetzen, ihren Fraubasereien und Philistereien, und da draußen auf den Felsen ist's

Goethe: Porträtskizze von der Rigireise (1775)

auch wohl der Mühe wert, von Freiheit zu reden, wenn man das halbe Jahr vom Schnee wie ein Murmeltier gefangengehalten wird. Pfui, wie sieht so ein Menschenwerk und so ein schlechtes notgedrungenes Menschenwerk, so ein schwarzes Städtchen, so ein Schindel- und Steinhaufen, mitten in der großen herrlichen Natur aus! Große Kiesel- und andere Steine auf den Dächern, daß ja der Sturm ihnen die traurige Decke nicht vom Kopfe wegführe und den Schmutz, den Mist! und staunende Wahnsinnige! – Wo man den Menschen nur wieder begegnet, möchte man von ihnen und ihren kümmerlichen Werken gleich davonfliehen.»

Was Goethe über seine eigenen Landsleute gesagt hat, ist noch ärger und gnadenloser. Auffallend ist aber, daß er die Italiener nie so pauschal herabsetzt, sondern vielmehr ihre Schwächen wo nicht großzügig übersieht oder als Bestandteil farbiger Folklore empfindet, so doch recht mildherzig beurteilt; selbst die Straßenmorde in Rom bekommen in seiner Darstellung eher ein pittoreskes Lokalkolorit. Nichts spricht dafür, daß Goethe die Schweizer als Schweizer gehaßt habe. Er fand unter ihnen eher mehr Freunde als unter anderen Nationen. Wahrscheinlich entwarf er sich ein Bild von der Schweiz, das eher einem menschenleeren, grandiosen Gebirgspanorama glich, in dem die Menschen höchstens als kleine Staffagefigürchen krabbelten, niemals dem Hochgebirge und seiner unmenschlichen Majestät adäquat. Im milden Klima Italiens, im mediterranen Licht, mochte selbst die Armut noch Farbtupfer liefern; im kärglichen Dasein von Bergbauern und Hirten in Eis, Schnee und Kälte gab es dafür keine ästhetische Konkurrenz. In engen Hütten, wo man wärmebedürftig zusammenrückte, mochte auch Unsauberkeit eher belästigen als in freier, sonnendurchwärmter Landschaft.

Aber sollte nicht bei «Werthers» Zornesausbruch auch Politik im Spiel sein? Zweimal spielt er die Freiheit der Schweizer, die er grundsätzlich anzweifelt, als Kontrast zur Schäbigkeit aus. Goethe hat, allen Interpretationskünsten zum Trotz, nie demokratisch gedacht. Die Assoziation der Begriffe «Freiheit» und «Ungewaschenheit» stammt in ihrer diffamierenden Gleichsetzung nicht erst von heute. Wer so sehr auf gerechtes Fürstenregiment eingeschworen war wie Goethe, dem die Hochmögenden stets freundlich begegnet waren, sollte dem nicht der Freiheitswillen eines Volks suspekt sein? «Mir ist das Volk zur Last, / Meint es doch dies und das: / Weil es die Fürsten haßt, / Denkt es, es wäre was», hat er in den Zahmen Xenien gereimt. Für ihn dürfte kaum die Frage wichtig gewesen sein, wieviel Freiheit dem einzelnen Schweizer Bürger in seinen kleinen Republiken tatsächlich zugestanden wurde. Als er seine Polemik schrieb, wirkte aus Frankreich revolutionäres Gedankengut nach Europa hinein, vor allem nach Deutschland. Und jene die Schweizer betreffenden Sätze wurden auch für deutsche Leser geschrieben. «Alle Freiheitsapostel, sie waren mir immer zuwider.»

Auf allen drei Schweizer Reisen hat die Besteigung des Sankt Gotthards im Mittelpunkt gestanden. «Hier kostet es der Einbildungskraft nicht viel, sich Drachennester in den Klüften zu denken. Aber doch erheitert und erhoben fühlte man sich durch einen der schönsten, am meisten zum Bilde sich eignenden, in allen Abstufungen grandios mannigfaltigen Wasserfall, der gerade in dieser Jahreszeit vom geschmolzenen Schnee überreich begabt, von Wolken bald verhüllt, bald enthüllt, uns geraume Zeit an die Stelle fesselte. Endlich gelangten wir an kleine Nebelseen, wie ich sie nennen möchte, weil sie von den atmosphärischen Streifen kaum zu unterscheiden waren. Nicht lange, so trat aus dem Dunste ein Gebäude entgegen: es war das Hospiz, und wir fühlten große Zufriedenheit, uns zunächst unter seinem gastlichen Dache schirmen zu können.»

Dies ist der erste Eindruck am Nachmittag des 21. Juni 1775. Am nächsten Morgen zeichnet Goethe den «Scheideblick nach Italien», und einen Augenblick lang ist er im Zweifel, ob er diese Reise nicht nach Italien fortsetzen sollte. Aber er entschließt sich zur Rückkehr. Auch bei der zweiten Reise markiert der Gotthard den Punkt der Umkehr: «Ich komme mir sehr wunderbar hier oben vor; wo ich mich vor vier Jahren mit ganz andern Sorgen, Gesinnungen, Planen und Hoffnungen, in einer andern Jahreszeit, einige Tage aufhielt, und mein künftiges Schicksal unvorahnend, durch ein ich weiß nicht was bewegt, Italien

Goethe: Scheideblick nach Italien vom Gotthard (1775)

den Rücken zukehrte und meiner jetzigen Bestimmung unwissend entgegen ging», notiert er am 13. November 1779. Der Weg durchs Wallis über den Furkapaß, unter ungünstigen Witterungsverhältnissen gemeinsam mit dem Herzog unternommen, ist diesmal ungleich beschwerlicher als vier Jahre zuvor. «Hier oben ist alles Schnee. Seit gestern früh 11 Uhr haben wir keinen Baum gesehen. Es ist grimmig kalt, Himmel und Wolken rein wie Saphir und Kristall. Der Neumond ist untergegangen mit seltsamem Lichte auf dem Schnee», schreibt er am 13. November an Charlotte von Stein. Als er später in Weimar die Beschreibung der Reise vorliest, begeistert sich Wieland: «Seine Beschreibung ihres Zugs durch Wallis über die Furka und St. Gotthard, womit er uns vor kurzem bei der Herzogin Mutter regaliert hat, ist mir in ihrer Art so lieb als Xenophons Anabasis. Es war auch ein eigentlicher Feldzug gegen alle Elemente, die sich ihm entgegenstellten. Das Ding ist eines von seinen meisterhaftesten Produkten und mit dem ihm eigenen großen Sinn gedacht und geschrieben.»

Die dritte und letzte Besteigung am 3. Oktober 1797 steht schon ganz im Zeichen veränderter Interessen, die jetzt vornehmlich den Naturwissenschaften und besonders der Mineralogie zugewandt sind. Entsprechend nüchtern wird auch der Gegenstand beschrieben: «Um halb neune von Hospenthal aufwärts. Glimmerschiefer mit vielem und schönem Quarz. Den ersten Schnee neben uns. Schöner, breiter, gleichförmiger Wasserfall, Glimmerschieferplatten stürzen gegen den Berg ein, über die denn das Wasser hinüberströmen muß. Schöne Sonne. Kahles, leeres Tal, abhängige abgewitterte Seiten. Ultramarin zu dreißig Scudi. Ungeheure, ganz glatte Wände des blättrigen Granites. Große Massen, Platten und Blöcke desselben Gesteines. Wasserfall. Ganz heiterer Himmel. Wir nahten uns nun nach und nach dem Gipfel. Moor, Glimmersand, Schnee.» An Wilhelm von Humboldt schreibt Goethe am 7. Februar 1798 aus Weimar: «Die Felsen des Gotthards haben auch die mineralogische Liebhaberei wieder in Bewegung gesetzt, so daß es mir auch von dieser Seite an mancher Unterhaltung in den trüben Wintertagen nicht gebricht.»

Sankt Gotthard
Hospiz

Urserental

Häderlisbrücke bei Göschenen ▷

« Eigentümlicher Charakter der Gegend; der Einblick hinaufwärts verkündigt das Ungeheure. Um halb viere war die Sonne schon hinter dem Berge. Erster Wasserfall, zweiter schönerer. Grünlich Gestein mit viel Glimmer, Granit; schöner Wasserfall, etwas Baumtrocknis. Herrlicher Blick auf die Reuß, an einer alten Fichte und einem großen Felsen vorbei. Immer Granit, mit Talk gemischtes Quarzgestein. Prächtiger Rückblick in die hinabstürzende Reuß. Die Felsmassen werden immer ganzer, ungeheurer. Echo », notierte Goethe am 1. Oktober 1797.

Das Urserental sah Goethe erstmals am 21. Juni 1775; der Weg von Wassen aus, morgens um halb sieben Uhr angetreten, wurde « immer mühseliger » : « Das ungeheure Wilde schien sich immer zu steigern, Platten wuchsen zu Gebirgen und Vertiefungen zu Abgründen. So geleitete mich mein Führer bis ans Urner Loch, durch welches ich gewissermaßen verdrießlich hindurchging; was man bisher gesehen, was doch erhaben, diese Finsternis hob alles auf. Aber freilich hatte sich der schelmische Führer das freudige Erstaunen voraus vorgestellt, das mich beim Austritt überraschen mußte. Der mäßig schäumende Fluß schlängelte sich hier milde durch ein flaches, von Bergen zwar umschlossenes, aber doch genugsam weites, zur Bewohnung einladendes Tal. »

Wallis in Richtung Furka

Goethe brach am 6. November 1779 von Chamonix aus auf, um über Martigny, Saint-Maurice, Sion, Sierre, Leuk, Brig und Münster den Furka-Paß zu erreichen. Von hier aus sollte es dann weiter zum St. Gotthard gehen. «Vorwärts lag uns das Wallistal, wo man mit einem Blick bis Martigny und weiter hinein mannigfaltig übereinander geschlungene Berge sehen konnte. Auf allen Seiten von Gebirgen umschlossen, die sich weiter gegen den Horizont immer zu vermehren und aufzutürmen schienen, so standen wir auf der Grenze von Savoyen und Wallis.» Bei der vorgeschrittenen Jahreszeit, bei Nebel und leichtem Schneefall und bei der damaligen Beschaffenheit der Straßen und Wege war das Unternehmen nicht ungefährlich, aber es lief glücklich ab, und am 12. November abends hatten Goethe und seine Begleiter Realp erreicht und einen Tag später den Gotthard.

Neuenburger See ▷

«... wir waren (...) genötigt, von Ort zu Ort, wo teils keine Wirtshäuser waren, teils die Leute uns nicht aufnehmen konnten, bis nach St. Blaise zu gehen, das zuoberst des Neustädter Sees *(gemeint ist der Neuenburger See)* liegt, es war eben ein schöner Mittagsblick der Sonne aus dem Gewölk, als wir ankamen, wir freuten uns des und genossen's recht sehr ...»

Montblanc

Goethe hat den Montblanc auf seiner zweiten Schweizerreise 1779 kennengelernt, und der Anblick des mächtigen Bergmassivs hat den Dichter so beeindruckt, daß er ihn dreimal – stets unter verschiedenen Lichtaspekten – beschrieben hat, mit der Einschränkung, es bedürfe «eigentlich immer zwei Menschen, einen, der's sähe und einen, der's beschriebe». Am 25. Oktober sieht er ihn zum erstenmal: «Nur die hohen Gebirgsketten waren unter einem klaren und heitern Himmel sichtbar, alle niederen Gegenden mit einem weißen wolkigen Nebelmeer überdeckt, das sich von Genf bis nordwärts an den Horizont erstreckte und in der Sonne glänzte. Daraus stieg ostwärts die ganze reine Reihe aller Schnee- und Eisgebirge, ohne Unterschied von Namen der Völker und Fürsten, die sie zu besitzen glauben, nur einem großen Herrn und dem Blick der Sonne unterworfen, der sie schön rötete. Der Montblanc gegen uns über schien der höchste, die Eisgebirge des Wallis und des Oberlandes folgen, zuletzt schlossen niedere Berge des Kantons Bern.» Der folgende Tag zeigt das Gebirge im Licht des Sonnenuntergangs: «Auch näher am Tal, waren unsre Augen nur auf die Eisgebirge gegenüber gerichtet. Die letzten, links im Oberland, schienen in einen leichten Feuerdampf aufzuschmelzen; die nächsten standen noch mit wohl bestimmten roten Seiten gegen uns, nach und nach wurden jene weiß, grün, graulich. Es sah fast ängstlich aus. Wie ein gewaltiger Körper von außen gegen das Herz zu abstirbt, so erblaßten alle langsam gegen den Montblanc zu, dessen weiter Busen noch immer rot herüber glänzte und auch zuletzt uns noch einen rötlichen Schein zu behalten schien, wie man den Tod des Geliebten nicht gleich bekennen, und den Augenblick, wo der Puls zu schlagen aufhört, nicht abschneiden will.»

Birstal

Anfang Oktober 1779 lernt Goethe das Birstal kennen, eines seiner nachhaltigsten Erlebnisse auf dieser zweiten Reise durch die Schweiz: « Die Vegetation behauptet ihr Recht; auf jedem Vorsprung, Fläche und Spalt fassen Fichten Wurzel, Moos und Kräuter säumen die Felsen. Man fühlt tief, hier ist nichts Willkürliches, hier wirkt ein alles langsam bewegendes ewiges Gesetz, und nur von Menschenhand ist der bequeme Weg, über den man durch diese seltsamen Gegenden durchschleicht. »

Unterwallis

«Wir hatten einen grauen Tag mit abwechselnden Sonnenblicken. Es ist nicht zu beschreiben, wie mannigfaltig auch hier das Wallis wieder wird; mit jedem Augenblick biegt und verändert sich die Landschaft. Es scheint alles sehr nah beisammen zu liegen, und man ist doch durch große Schluchten und Berge getrennt. Wir hatten bisher noch meist das offene Wallistal rechts neben uns gehabt, als sich auf einmal ein schöner Anblick ins Gebirg vor uns auftat. Ich muß, um anschaulicher zu machen, was ich beschreiben will, etwas von der geographischen Lage der Gegend, wo wir uns befinden, sagen. Wir waren nun schon drei Stunden aufwärts in das ungeheure Gebirg gestiegen, das Wallis von Bern trennet. Es ist eben der Stock von Bergen, der in einem fort vom Genfer See bis auf den Gotthard läuft, und auf dem sich in dem Berner Gebiet die großen Eis- und Schneemassen eingenistet haben. Hier sind oben und unten relative Worte des Augenblicks. Ich sage, unter mir auf einer Fläche liegt ein Dorf, und eben diese Fläche liegt vielleicht wieder an einem Abgrund, der viel höher ist als mein Verhältnis zu ihr.»

Zürich, Peterhofstatt, der Platz zwischen Lavaters Pfarrhaus und St. Peter

Mit dem in Zürich lebenden Prediger und Schriftsteller Johann Caspar Lavater stand Goethe seit August 1773 in Briefwechsel. Im Juni 1774 begegneten sie sich in Frankfurt, und es entwickelte sich zwischen den beiden eine Freundschaft, die beiderseits enthusiastische Züge trug. Lavaters «Physiognomische Fragmente», mit denen er glaubte, den Charakter eines Menschen aus dessen Physiognomie analysieren zu können, wurden von Goethe eifrig unterstützt; er schickte Bildnisse und sorgte für die Drucklegung in Leipzig. Auf den Schweizer Reisen 1775 und 1779 ist Goethe Lavaters Gast in Zürich, wo der «Prophet» als Pfarrer von St. Peter wirkt. «Er ist der beste, größte, weiseste, innigste aller sterblichen und unsterblichen Menschen, die ich kenne», schreibt Goethe Ende November 1779 aus Zürich und ergänzt am 7. Dezember: «Er ist die Blüte der Menschheit, das Beste vom Besten.» Aber damit ist dann auch schon bald der Höhepunkt ihrer Freundschaft überschritten, und eine allmählich wachsende Entfremdung breitet sich aus. Der Grund dafür war, so Goethe später, «daß es ihm unbegreiflich schien, wie ein Mensch leben und atmen könne, ohne zugleich ein Christ zu sein». Als 1782 Lavaters «Pontius Pilatus» zu erscheinen beginnt (bis 1785), schreibt ihm Goethe: «Da ich zwar kein

Widerchrist, kein Unchrist, aber doch ein dezidierter Nichtchrist bin, so haben mir Dein ‹Pilatus› und so weiter widrige Eindrücke gemacht ...» Als sich beide im Juli 1786 in Weimar wiedersehen, berichtet Goethe an Charlotte von Stein: «Er hat bei mir gewohnt. Kein herzlich, vertraulich Wort ist unter uns gewechselt worden, und ich bin Haß und Liebe auf ewig los. (...) Ich habe auch unter seine Existenz einen großen Strich gemacht und weiß nun, was mir per Saldo von ihm übrig bleibt.» Das Italien-Erlebnis, das Goethe vollends dem Christentum entfernt, führt dazu, daß ihm solche schwärmerischen Propheten-Naturen wie Lavater jetzt geradezu verhaßt werden. In den 1796 gemeinsam mit Schiller veröffentlichten «Xenien» schießt er unter dem Titel «Der Prophet» diesen Pfeil nach Zürich: «Schade, daß die Natur nur Einen Menschen aus dir schuf, / Denn zum würdigen Mann war und zum Schelmen der Stoff.» Auf wen das zielte, war damals allgemein bekannt, und Lavater wurde tief verletzt. Als Goethe dann ein Jahr später ein letztes Mal nach Zürich kam, ignorierte er den «Propheten» mit eisiger Verachtung. «Auf dem Rückweg begegnete ich dem Kranich», vermerkt sein Tagebuch unter dem 20. September.

«Auf dem Wege nach Biel ritten wir das schöne Birstal herauf und kamen endlich an den engen Paß, der hierher führt. Durch den Rücken einer hohen und breiten Gebirgskette hat die Birs, ein mäßiger Fluß, sich einen Weg von uralters gesucht. Das Bedürfnis mag nachher durch ihre Schluchten ängstlich nachgeklettert sein. Die Römer erweiterten schon den Weg, und nun ist er sehr bequem durchgeführt. Das über Felsstücke rauschende Wasser und der Weg gehen nebeneinander hin und machen an den meisten Orten die ganze Breite des Passes, der auf beiden Seiten von Felsen beschlossen ist, die ein gemächlich aufgehobenes Auge fassen kann. Hinterwärts heben Gebirge sanft ihre Rücken, deren Gipfel uns vom Nebel bedeckt waren.

Bald steigen aneinanderhängende Wände senkrecht auf, bald streichen gewaltige Lagen schief nach dem Fluß und dem Weg ein, breite Massen sind aufeinandergelegt, und gleich daneben stehen scharfe Klippen abgesetzt. (...) Bald rund, bald spitz, bald bewachsen, bald nackt, sind die Firsten der Felsen, wo oft noch oben drüber ein einzelner Kopf kahl und kühn herüber sieht, und an Wänden und in der Tiefe schmiegen sich ausgewitterte Klüfte hinein.

Mir machte der Zug durch diese Enge eine große ruhige Empfindung. Das Erhabene gibt der Seele die schöne Ruhe, sie wird ganz dadurch ausgefüllt, fühlt sich so groß als sie sein kann. Wie herrlich ist ein solches reines Gefühl, wenn es bis gegen den Rand steigt ohne überzulaufen. Mein Auge und meine Seele konnten die Gegenstände fassen, und da ich rein war, diese Empfindung nirgends falsch widerstieß, so wirkten sie, was sie sollten. Vergleicht man solch ein Gefühl mit jenem, wenn wir uns mühselig im Kleinen umtreiben, alles aufbieten, diesem so viel als möglich zu borgen und aufzuflicken, und unserm Geist durch seine eigne Kreatur Freude und Futter zu bereiten; so sieht man erst, wie ein armseliger Behelf es ist.»

Von hier setzte Goethe seine Reise fort über Biel, Ins, Murten, Bern nach Thun. Am 9. Oktober nachmittags steht er am Staubbachfall bei Lauterbrunnen. Über seine Eindrücke schreibt er schon zwei Stunden später an Charlotte von Stein: «Es ist ein sehr erhabener Gegenstand. Und es ist vor ihm wie bei allem Großen, so lang es Bild ist, so weiß man doch nicht, was man will. Es läßt sich von ihm kein Bild machen, die Sie von ihm gesehen haben, sehen sich mehr oder weniger ähnlich; aber wenn man drunter ist, wo man weder mehr bilden noch beschreiben kann, dann ist man erst auf dem rechten Fleck.» Am nächsten Vormittag – es ist ein Sonntag – kehrt Goethe noch einmal zum Staubbachfall zurück: «Er bleibt immer eben derselbe und macht einen unendlich angenehmen und tiefen Eindruck.» Dieses Erlebnis inspiriert ihn zu dem «Gesang der Geister über den Wassern», der zwischen dem 9. und 11. Oktober entsteht («von dem Gesange der Geister hab ich noch wundersame Strophen gehört ...») und von Goethe am 14. an die Weimarer Freunde geschickt wird.

Rümlang, Kleinjoggs Katzenrütihof

Auf dem Katzenrütihof bei Rümlang in der Nähe Zürichs lebte der Bauernphilosoph Jacob Gujer, genannt Klijogg oder Kleinjogg (= Klein-Jacob). Goethe, der durch Lavater von diesem Mann gehört hatte, besuchte ihn auf seiner ersten Schweizer Reise am 12. Juni 1775. Heinrich Boßhard, auch er ein sogenannter Bauernphilosoph, war mit dabei, als der junge Dichter, die Grafen Stolberg und Haugwitz auf dem Katzenrütihof vorsprachen: «Wir kamen zu Kleinjogg, und in dieser edeln, mir unvergeßlichen Gesellschaft hatte ich Freude wie noch wenig. Kleinjogg führte uns in seinen Gebäuden herum, und am Tische unterhielten wir uns mit den weisen Reden dieses wackern Landmanns.» Er habe Goethe im Umgang mit «Kleinjoggen», so schrieb Lavater im November 1775 an Wieland, «allenthalben (als) denselben edeln, alles durchschauenden, duldenden Mann gesehen». Goethes Eindruck von diesem Besuch ist nicht bekannt, aber er muß wohl günstig gewesen sein, denn im November 1779 besuchte er Kleinjogg ein zweites Mal, jetzt in Begleitung des Herzogs Carl August und des weimarischen Oberforstmeisters Otto von Wedel. «Neulich habe ich auch den sogenannten philosophischen Bauern kennengelernt, er heißt Kleinjogg», schrieb der Herzog darüber an seine Mutter. «Goethe und Wedel (...) haben die Nacht bei ihm zugebracht, ich kehrte aber mit Lavatern nach Haus.»

Des Menschen Seele
Gleicht dem Wasser:
Vom Himmel kommt es,
Zum Himmel steigt es,
Und wieder nieder
Zur Erde muß es,
Ewig wechselnd.

Strömt von der hohen,
Steilen Felswand
Der reine Strahl,
Dann stäubt er lieblich
In Wolkenwellen
Zum glatten Fels,
Und leicht empfangen
Wallt er verschleiernd,
Leisrauschend
Zur Tiefe nieder.

Ragen Klippen
Dem Sturz entgegen,
Schäumt er unmutig
Stufenweise
Zum Abgrund.

Im flachen Bette
Schleicht er das Wiesental hin,
Und in dem glatten See
Weiden ihr Antlitz
Alle Gestirne.

Wind ist der Welle
Lieblicher Buhler;
Wind mischt vom Grund aus
Schäumende Wogen.

Seele des Menschen,
Wie gleichst du dem Wasser!
Schicksal des Menschen,
Wie gleichst du dem Wind!

Staubbachfall
bei Lauterbrunnen

Italienische Reise

«Das Ziel meiner innigsten Sehnsucht,
deren Qual mein ganzes Inneres erfüllte, war Italien,
dessen Bild und Gleichnis mir viele Jahre vergebens vorschwebte,
bis ich endlich durch kühnen Entschluß die wirkliche
Gegenwart zu fassen mich erdreistete. In Italien fühlt' ich mich nach
und nach kleinlichen Vorstellungen entrissen, falschen
Wünschen enthoben, und an die Stelle der Sehnsucht nach
dem Lande der Künste setzte sich die Sehnsucht
nach der Kunst selbst; ich war sie gewahr geworden,
nun wünscht' ich sie zu durchdringen.»

«Goethe animierte mich sehr zu einer Reise nach Italien. (...) Plötzlich blieb er vor jenem Abbilde Roms sinnend stehen und zeigte auf Ponte molle, über welchen man, von Norden herkommend, in die ewige Roma einzieht. Euch darf ich's wohl gestehen, sagte er – seit ich über den Ponte molle heimwärts fuhr, habe ich keinen rein glücklichen Tag mehr gehabt.» Es ist Kanzler von Müller, der diese Sätze am 30. Mai 1814 notiert. Seit Goethes Heimkehr aus Italien sind 27 Jahre vergangen. Im Dezember 1813 hatte er begonnen, die «Italienische Reise» als Fortsetzung seiner Autobiographie zu Papier zu bringen und das vor einer Generation Erlebte noch einmal nachzuschmecken mittels der alten Reisebriefe, aus denen er jetzt seinen Bericht kompilierte. Wir sollten die Formulierung vom «rein glücklichen Tag» nicht auf die Goldwaage legen; in der Rückschau neigt Goethe meist zu pessimistischer Sicht. Wenn er etwa 1824 Eckermann gegenüber meint, es habe in seinem Leben «keine vier Wochen eigentlichen Behagens» gegeben, so scheint uns, als habe er das Glücksempfinden in Rom oder auf Sizilien wo nicht verdrängt, dann doch sicherlich unzulässig reduziert. Denn wie anders sprechen die Briefe von 1786 bis 1788 von seinem Italien-Aufenthalt, der nicht so sehr Reise war als vielmehr Verweilen.

Lesen wir Goethes Briefe aus Italien, so bleibt das Empfinden starker Glückseligkeit und heiterer Gelöstheit am nachhaltigsten im Gedächtnis. «Was mich am tiefsten freut ist die Wirkung, die ich schon in meiner Seele fühle: es ist eine innre Solidität, mit der der Geist gleichsam gestempelt wird; Ernst ohne Trockenheit und ein gesetztes Wesen mit Freude. Ich denke die gesegneten Folgen auf mein ganzes Leben zu fühlen» (10.11. 1786); «Täglich werf ich eine neue Schale ab und

hoffe als ein Mensch wiederzukehren» (6.1.1787); «diese meine zweite Jugend» (19.2.1787); «Ich finde hier die Erfüllung aller meiner Wünsche und Träume, wie soll ich den Ort verlassen, der für mich allein auf der ganzen Erde zum Paradies werden kann. Mit jedem Tage scheint die Gesundheit des Leibes und der Seele zu wachsen, und ich habe bald nichts als die Dauer meines Zustandes zu wünschen» (14.7.1787); «Ich darf wohl sagen: ich habe mich in dieser anderthalbjährigen Einsamkeit selbst wiedergefunden; aber als was? – Als Künstler!» (17.3.1788).

Die Italien-Reise als unerläßliches Bildungserlebnis für den jungen Herrn aus großem Haus, wie sie im 18. Jahrhundert üblich war, hatte schon der Vater dem Sohn verschreiben wollen, aber damals, 1775, war Goethe noch ausgewichen und hatte auch der Verlockung auf der Höhe des Gotthards, Italien vor sich im Blick, widerstanden. Er fühlte sich ganz instinktiv noch nicht reif genug. Als er nun 1786 aufbricht, fährt er auch nicht der Bildung wegen, sondern weil er jetzt ein tiefinneres Muß spürt. Aber was treibt ihn? «Zunächst ein nicht mehr zu bändigender Drang nach Freiheit, nach großen Eindrücken, nach Aufgaben», schreibt Ernst Beutler. «Der Hof war zu eng geworden, die beamtliche Tätigkeit nur eine immer neue Wiederholung mehr oder weniger gleicher Maßnahmen. Die Menschen, mit denen der Dichter zusammenlebte, hatten ihm gegeben, was sie ihm geben konnten, keiner entwickelte sich weiter. Auch der Bund mit Charlotte v. Stein war kein Wachstum mehr. Überall empfand Goethe Grenzen, und ihn trieb die Natur noch ins Grenzenlose.» Für Richard Alewyn ist Goethes Italien-Erlebnis «das Erlebnis der Wirklichkeit des Vollkommenen. Das, worum er ein halbes Menschenleben lang mühsam gerungen, worauf er unsägliche Zeit und Kraft verwendet und verschwendet hat, was er mit Umwegen und Irrtümern bezahlt und doch niemals erreicht hat, gewahrt er hier als wirklich, ohne Mangel, ja ohne Mühe, als ‹Natur›, ein wunsch- und bruchloses Sosein, von einer Notwendigkeit, für die er keinen anderen Namen weiß als ‹Gott›. Diese Mühelosigkeit ist es, die er fortan qualvoll beneidet, denn er spürt, daß Umwege nie wieder einzuholen, daß Irrtümer nie wieder gut zu machen sind. ‹Leichtigkeit› ist von nun an das höchste Lob, das er für Werke des Geistes und der Kunst zu vergeben hat.»

Und eben darum ist Italien nicht einfach nur eine «Reise». Natürlich kann man sie – mit Goethes Aufzeichnungen im Gepäck – noch heute genau nachvollziehen, denn die Stätten und Sehenswürdigkeiten sind ja bekannt. Die Bedeutung aber, die sie für Goethe gehabt haben, läßt sich nicht

J. H. W. Tischbein: Goethe in seiner Wohnung in Rom (1786)

rekonstruieren, denn das Erlebnis Italiens war für ihn das Erleben seiner sich wandelnden Psyche mit allen Folgen für sein weiteres Dasein, und darum spielt auch der zeitliche Abstand, der uns von Goethes Reise trennt, keine Rolle.

Zu sagen bleibt: Goethe erfährt in Italien ein völlig neues Lebensgefühl, das ihn instandsetzt, sein bisheriges Leben zu revidieren und einen ganz neuen, fruchtbaren Anfang zu wagen. Vieles kommt dabei zusammen: Das milde Klima, die Losgelöstheit von allen Bindungen, das Erlebnis der Antike, das er zuweilen wie eine Wiedergeburt erfährt. Noch 1815 sagt er zu Sulpiz Boisserée, « er habe gewiß schon einmal unter Hadrian gelebt. Alles Römische ziehe ihn unwillkürlich an. Dieser große Verstand, diese Ordnung in allen Dingen, sage ihm zu, das griechische Wesen nicht so». Was Goethe bis 1786 vom griechisch-römischen Altertum wußte, beschränkte sich auf Beschreibungen und Kupferstiche. Jetzt erst sieht er antike Kunst mit eigenen Augen, und es ist unerheblich, wenn er oft griechische und römische Kunst verwechselt, wie es auch ganz müßig ist, zu konstatieren, er habe wirklich bedeutende antike Kunstwerke nur zum allergeringsten Teil kennengelernt. Auch Widersprüchliches aufzuzählen will wenig besagen. In seinem Straßburger Aufsatz « Von deutscher Baukunst» hatte er 1771 gegen die Säulenarchitektur des Petersplatzes zu Rom ohne eigene Anschauung polemisiert und das gotische Ornament gerühmt; jetzt, fünfzehn Jahre später, bringt ihn der Anblick antiken Tempelgebälks zu dem Ausbruch: « Das ist freilich etwas anderes als unsere kauzenden, auf Kragsteinlein übereinander geschichteten Heiligen der gotischen Zierweisen, etwas anderes als unsere Tabakspfeifen-Säulen, spitze Türmlein und Blumenzacken; diese bin ich nun, Gott sei Dank, auf ewig los! »

Eigentlich ging es gar nicht um Antike, Gotik oder Palladio, den er jetzt wie einen Schutzheiligen preist. Die Polemik gegen das Gotische richtet sich im Grunde gegen das eigene, zurückliegende Leben, abgestreift wie eine Schlangenhaut, ein von Goethe geliebtes Bild. Entscheidend ist die Erfahrung, das Leben, die Landschaft und die Kunst ganz sinnlich zu erfassen und auf sich einwirken zu lassen, was sich auch widerspiegelt in den mehr als 1500 Zeichnungen, die er mit nach Hause bringt und in denen er sich die südliche Landschaft einverleibt hat.

Goethe hat sich in Italien mehr mit der ihn umgebenden Kunst – und dem eigenen Zeichnen – beschäftigt als mit der eigenen Poesie. Nach Manuskriptblättern gezählt, war der Ertrag eher gering. Aber ohne das Italien-Erlebnis hätte seine Dichtung ganz andere Züge bekommen. Mehr noch: Ohne Italien wären seine Naturstudien, vor allem die zur Morphologie, nicht befördert worden. Die Zeit zwischen 1786 und 1788, ihm vergönnt durch die Großzügigkeit seines Herzogs, der ihn beurlaubte und finanzierte, vermittelt Goethe einen reinen, unverstellten Blick auf Kunst und Natur als etwas Verschwistertes. Und ärgeres Mißverständnis könnte es kaum geben, wollte man vermuten, der Italien-Aufenthalt sei nichts anderes als ein gutbezahltes *dolce far niente* gewesen.

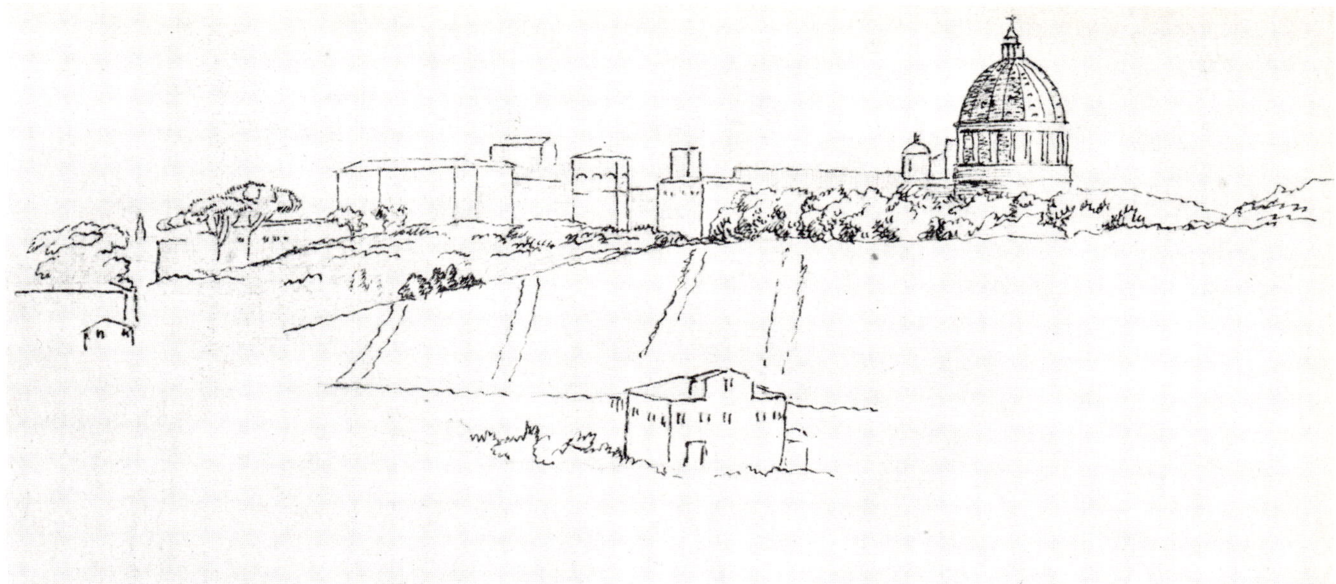

Goethe: Blick auf die Kuppel der Peterskirche (1786)

Im Gegenteil. Warum wurde die zweite Italien-Reise von 1790 zu solch großer Enttäuschung, daß er dem Herzog aus Venedig schreiben konnte, « daß meiner Liebe für Italien durch diese Reise ein tödlicher Stoß versetzt wird » ? Es war nicht nur das Heimweh nach der jungen Lebensgefährtin Christiane, sondern wohl mehr noch die Erkenntnis, an keinem Orte leben zu können, « wo ich nicht beschäftigt wäre ». Mag auch vor seiner Abreise im Frühjahr 1788 von Rom kein Tag vergangen sein, wo er nicht aus Kummer über die bevorstehende Trennung weinte: Als lebenslanger Aufenthalt wäre Italien ihm dann doch unbekömmlich gewesen; instinktiv spürte er das und war darum im Innersten dankbar, nach Weimar zurückgerufen zu werden.

Die italienischen Jahre beendeten sein Verhältnis zu Frau von Stein und eine letztlich unerfüllte Liebesbeziehung. Goethe sei « sinnlich geworden », konstatierte die prüde Charlotte von Stein nach seiner Rückkehr. Nicht eigentlich die Liebe zu Christiane Vulpius, die im Juli 1788, kurz nach seiner Rückkehr, seine Geliebte geworden war, verursachte den Bruch; er war schon mit der plötzlichen, auch vor der Freundin geheimgehaltenen Abreise aus Karlsbad nach Italien vollzogen worden.

« Sinnlich geworden ». Das gilt im weitesten Sinne, aber besonders auch in der erotischen Bedeutung. Christiane, von Goethe als « das kleine Naturwunder » oder « Erotikon » bezeichnet, vollendet gleichsam, was in Rom angelegt worden war. Man mag darüber streiten, ob Goethes römische Geliebte, die er « Faustina » nennt, die « Römischen Elegien » inspiriert hat, die Goethe erst im September 1788 in Weimar zu schreiben beginnt, oder nicht doch wohl das « kleine Erotikon » Christiane. Aber das Erfahren « des echten nackten Amors » war römische Frucht und hat Goethes Dichtung um die ihr bisher fehlende Dimension des Erotischen bereichert – zur lautstarken Entrüstung der Zeitgenossen.

Die für sein Leben notwendigen Erfahrungen hat Goethe bei seinem ersten Italien-Aufenthalt empfangen, darum bedurfte es des zweiten nicht mehr, und darum wurden ihm auch die in Venedig verbrachten Wochen zur Last und schierer Langerweile. Christiane, die in seinem

Hause lebte, hatte ihm Heimat und Geborgenheit geschenkt, Wärme und zärtliches Umsorgtsein. Unmißverständlich schreibt er am 30. April 1790 aus Venedig an Charlotte von Kalb: «Wenn ich nur auch diese vergangenen sechs Wochen einen Freund oder eine Freundin bei mir gehabt hätte! Unter andern löblichen Dingen, die ich auf dieser Reise gelernt habe, ist auch das: daß ich auf keine Weise mehr allein sein und nicht außerhalb des Vaterlandes leben kann.» Und an Herder schreibt er am 28. Mai: «Für die Gesinnungen gegen meine Zurückgelaßnen danke ich euch von Herzen; sie liegen mir sehr nahe, und ich gestehe gern, daß ich das Mädchen leidenschaftlich liebe. Wie sehr ich an sie geknüpft bin, habe ich erst auf dieser Reise gefühlt. Sehnlich verlange ich nach Hause. Ich bin ganz aus dem Kreise des italienischen Lebens gerückt.»

Goethe hat sehr wohl gewußt, daß das Erlebnis Italiens, wie es ihm von 1786 bis 1788 zuteilgeworden war, nicht wiederholt werden konnte; die Reise nach Venedig von 1790 galt nur einer Pflichterfüllung. Noch einmal dann, 1797, hat er daran gedacht, von der Schweiz aus Italien wiederzusehen. Es blieb beim Vorsatz, die damaligen Kriegsereignisse in Italien boten willkommenen Vorwand, auf die Reise zu verzichten.

Er ist nach Weimar 1788 als ein vollkommen Gewandelter zurückgekehrt. Die Freunde waren ihm fremd geworden und er ihnen. Auch mit dem Herzog hat sich das alte vertrauliche Verhältnis nie wieder einstellen wollen. Die Bindung an Christiane tat dann ein übriges, Goethe zu isolieren. Standen die ersten Jahre in Weimar vor der Italienreise ganz im Zeichen heiterer Geselligkeit und hingabevoller Amtstätigkeit, so brachten die Jahre nach 1788 wachsende Vereinsamung und den Rückzug aus den Ämtern, bei reichem Gewinn für das dichterische und naturkundliche Werk.

Vicenza, Teatro Olimpico

Am 19. September 1786 traf Goethe in Vicenza ein und hatte schon nach « einigen Stunden », wie er schreibt, « die Stadt durchlaufen ». Sein besonderes Interesse galt der Architektur Palladios, des größten italienischen Baumeisters der Renaissance – « Es ist wirklich etwas Göttliches in seinen Anlagen » –, dessen Teatro Olimpico Goethe mit einer Formulierung charakterisiert, die den erfahrenen Theaterpraktiker verrät: « Das Olympische Theater ist ein Theater der Alten im kleinen realisiert und unaussprechlich schön, aber gegen die unsrigen kömmt mir's vor wie ein vornehmes, reiches, wohlgebildetes Kind gegen einen klugen Weltmenschen, der, weder so vornehm, noch so reich, noch wohlgebildet, besser weiß, was er mit seinen Mitteln bewirken kann. »

Die eigene Kindheit tritt ihm als erstes entgegen, als Goethe am Nachmittag des 28. September 1786 in Venedig anlangt. Der Namensklang « dieser wunderbaren Inselstadt, dieser Biberrepublik » ist ihm vertraut, jetzt füllt er sich auch mit Leben und gewinnt Anschauung. Der Anblick der ersten Gondel erinnert ihn an geliebtes Spielzeug: « Mein Vater hatte ein schönes Gondelmodell von Venedig mitgebracht, er hielt es sehr wert, und es ward mir hoch angerechnet, wenn ich damit spielen durfte. Die ersten Schnäbel von Eisenblech, die schwarzen Gondelkäfige, alles grüßte ich wie eine alte Bekanntschaft, wie einen langentbehrten Jugendeindruck. » Der Vater, so erinnert er sich bei der ersten Gondelfahrt auf dem Canale Grande, habe « nichts bessers » gewußt, « als von diesen Dingen zu erzählen ».

Er besteigt den Campanile, um sich ein Bild von der Stadtanlage zu machen, seine alte Gewohnheit. Er besucht Oper und Theater, Kirchen und Paläste, zeigt einige Ratlosigkeit angesichts des Markusdoms, der ihn an einen « kolossalen Taschenkrebs » erinnert; « die Bauart ist jeden Unsinns wert, der jemals drinne gelehrt oder getrieben worden sein mag », hält das Tagebuch fest, aber später wird er diese Sätze nicht veröffentlichen. Glücklich ist er, « eine kostbare Sammlung von Abgüssen der besten Antiken » besichtigen zu dürfen; lieber Abgüsse des Altertums, als Originale des Mittelalters. Zum Glück hat aber auch der verehrte Palladio in Venedig gebaut, so bleibt die Erinnerung an Vicenza wach. Er mischt sich unters Volk, beobachtet die Leute als Zuschauer und heimliche Mitspieler im Theater, als Straßenredner und Händler. Nach zwei Wochen konstatiert er: « Ich bin nur kurze Zeit in Venedig und habe mir die hiesige Existenz genugsam zugeeignet und weiß, daß ich, wenn auch einen unvollständigen, doch einen ganz klaren und wahren Begriff mit wegnehme. » Aber Goethe stellt sich auch die Frage, ob Venedig gefährdet sein könne: « Bei außerordentlichen Fällen, wenn das Meer übermäßig wächst, ist es besonders gut, daß es nur an zwei Orten herein darf und das übrige geschlossen bleibt, es kann also doch nicht mit der größten Gewalt eindringen und muß sich in einigen Stunden dem Gesetz der Ebbe unterwerfen und seine Wut mindern. » Nein, Gefahr drohe der Stadt nicht: « Übrigens hat Venedig nichts zu besorgen; die Langsamkeit, mit der das Meer abnimmt, gibt ihr Jahrtausende Zeit, und sie werden schon, den Kanälen klug nachhelfend, sich im Besitz zu erhalten suchen. » Daß es nicht Jahrtausende dauern würde, sondern weniger als zwei Jahrhunderte, um die Stadt zugrunde zu richten, hätte sich Goethe nicht vorstellen können: « Und wenn auch ihre Lagunen sich nach und nach ausfüllen, böse Dünste über dem Sumpfe schweben, ihr Handel geschwächt, ihre Macht gesunken ist, so wird die ganze Anlage der Republik und ihr Wesen nicht einen Augenblick dem Beobachter weniger ehrwürdig sein. » Aber politisch und wirtschaftlich ist Venedig schon ein Jahrzehnt später durch die französischen Revolutionstruppen ruiniert, den Rest wird ein Zeitalter besorgen, dessen Heraufziehen Goethe noch erlebt hat.

Das Glück in der Fremde hängt vom eigenen Glück ab. Als Goethe zum erstenmal nach Venedig kommt, steht ihm das Italien-Erlebnis – « eine wahre Wiedergeburt » – noch bevor; die Erwartungen sind hochgespannt und werden sich erfüllen.

Beim zweiten Besuch aber, vom 31. März bis zum 22. Mai 1790, betritt ein nur widerwillig reisender Goethe die Markus-Stadt. Er soll hier die aus dem Süden zurückkehrende Herzoginmutter erwarten und nach Weimar zurückbegleiten. Die Fürstin läßt sich Zeit, und der Dichter, gequält von der Sehnsucht nach der jungen Geliebten daheim, langweilt sich maßlos. « Das ist Italien nicht mehr, das ich mit Schmerzen verließ. » Nein, es liegt nicht an Italien; er selbst ist nicht mehr der, der er noch vor vier Jahren war. Er vertreibt sich die Tage mit Epigrammen unter dem Motto: «Wie man Geld und Zeit vertan, / Zeigt das Büchlein lustig an.» Lustig? Eher doch wohl grillig und gallig, eher moros denn lustig. Und lustig finden auch seine Nachlaßverwalter nicht, was sie unter den unveröffentlichten Epigrammen entdecken. Schon die gedruckten hatten auf die Zeitgenossen schockierend gewirkt; die aus dem Nachlaß waren so « unziemliche Sachen », daß man sie erst 1914 zu veröffentlichen wagte.

Die Langeweile in « Sankt Markus im Kot », so Goethe über Venedig, inspiriert nicht nur die «Venezianischen Epigramme», sie verhilft Goethe auch zu einer bedeutenden naturwissenschaftlichen Erkenntnis: Wie bei der Entdeckung der Urpflanze 1787, so findet er 1790 in Venedig seine Theorie für die Urform der Knochenbildung, ein weiteres Glied in Goethes Thesen, wonach allem Organischen ein einziger Plan zugrunde liege: Wie sich bei der Pflanze alles aus dem Blatt entwickele, so beim Tier aus dem Wirbel.

Aber bis zu dieser Erkenntnis sind es jetzt, im September 1786, noch vier Jahre. Sie bringen für ihn die große Zäsur seines Lebens.

Venedig, Canale Grande mit Santa Maria della Salute

« Der Venezianer mußte eine neue Art von Geschöpf werden, wie man denn auch Venedig nur mit sich selbst vergleichen kann. Der große, schlangenförmig gewundene Kanal weicht keiner Straße in der Welt, dem Raum vor dem Markusplatze kann wohl nichts an die Seite gesetzt werden. Ich meine den großen Wasserspiegel, der diesseits von dem eigentlichen Venedig im halben Mond umfaßt wird. Über der Wasserfläche sieht man links die Insel San Giorgio Maggiore, etwas weiter rechts die Giudecca und ihren Kanal, noch weiter rechts die Dogane und die Einfahrt in den Canal Grande, wo uns gleich ein paar ungeheure Marmortempel entgegen leuchten. »

Venedig, Arsenal

«Heute früh war ich im Arsenal, mir immer interessant genug, da ich noch kein Seewesen kenne und hier die untere Schule besuche: denn freilich sieht es hier nach einer alten Familie aus, die sich

noch rührt, obgleich die beste Zeit der Blüte und der Früchte vorüber ist. (...) Noch will ich einiger Werke der Bildhauerkunst erwähnen, die ich diese Tage her, zwar nur im Vorbeigehen, aber doch mit Erstaunen und Erbauung betrachtet: zwei ungeheure Löwen von weißem Marmor vor dem Tor des Arsenals; der eine sitzt aufgerichtet, auf die Vorderpfoten gestemmt, der andere liegt – herrliche Gegenbilder, von lebendiger Mannigfaltigkeit. Sie sind so groß, daß sie alles umher klein machen, und daß man selbst zunichte würde, wenn erhabene Gegenstände uns nicht erhüben. Sie sollen aus der besten griechischen Zeit und vom Piraeus in den glänzenden Tagen der Republik hierher gebracht sein.»

Venedig, Goethes Wohnung in der Calle Fuseri

Am 28. September 1786 traf Goethe, nachmittags fünf Uhr, in Venedig ein und bezog bis zu seiner Weiterreise am 14. Oktober Quartier im Hotel *Königin von England:* « Ich bin gut logiert in der Königin von England, nicht weit vom Markusplatze, und dies ist der größte Vorzug des Quartiers; meine Fenster gehen auf einen schmalen Kanal zwischen hohen Häusern, gleich unter mir eine einbogige Brücke und gegenüber ein schmales belebtes Gäßchen. So wohne ich, und so werde ich eine Zeitlang bleiben, bis mein Paket für Deutschland fertig ist, und bis ich mich am Bilde dieser Stadt satt gesehen habe. Die Einsamkeit, nach der ich oft so sehnsuchtsvoll geseufzt, kann ich nun recht genießen, denn nirgends fühlt man sich einsamer als im Gewimmel, wo man sich allen ganz unbekannt durchdrängt. In Venedig kennt mich vielleicht nur ein Mensch, und der wird mir nicht gleich begegnen. »

Venedig, San Giorgio Maggiore ▷

Neben der Kirche Il Redentore ist die Benediktinerkirche S. Giorgio Maggiore das zweite Bauwerk Andrea Palladios und war damit des besonderen Interesses des Palladio-Enthusiasten Goethe sicher: « Palladio war durchaus von der Existenz der Alten durchdrungen und fühlte die Kleinheit und Enge seiner Zeit wie ein großer Mensch, der sich nicht hingeben, sondern das übrige soviel als möglich nach seinen edlen Begriffen umbilden will. Er war unzufrieden, wie ich aus gelinder Wendung seines Buches schließe, daß man bei christlichen Kirchen nach der Form der alten Basiliken zu bauen fortfahre, er suchte deshalb seine heiligen Gebäude der alten Tempelform zu nähern; daher entstanden gewisse Unschicklichkeiten, die mir bei Il Redentore glücklich beseitigt, bei San Giorgio aber zu auffallend erscheinen. »

Cento, den 17. Oktober 1786, abends

«In einer bessern Stimmung als gestern schreibe ich aus Guercins Vaterstadt. Es ist aber auch ein ganz anderer Zustand. Ein freundliches wohlgebautes Städtchen, von ungefähr fünftausend Einwohnern, nahrhaft, lebendig, reinlich, in einer unübersehlich bebauten Plaine. Ich bestieg nach meiner Gewohnheit sogleich den Turm. Ein Meer von Pappelspitzen, zwischen denen man in der Nähe kleine Bauerhöfchen erblickt, jedes mit seinem eignen Feld umgeben. Köstlicher Boden, ein mildes Klima. Es war ein Herbstabend, wie wir unserm Sommer selten einen verdanken. Der Himmel, den ganzen Tag bedeckt, heiterte sich auf, die Wolken warfen sich nord- und südwärts an die Gebirge, und ich hoffe einen schönen morgenden Tag.

Hier sah ich die Apenninen, denen ich mich nähere, zum erstenmal. Der Winter dauert hier nur Dezember und Januar; ein regniger April, übrigens nach Beschaffenheit der Jahreszeit gut Wetter. Nie anhaltenden Regen; doch war dieser September besser und wärmer als ihr August. Die Apenninen begrüßte ich freundlich in Süden, denn ich habe der Flächen bald genug. Morgen schreibe ich dort an ihrem Fuße.»

Turm von Cento

Vier Tage – vom 18. bis zum 21. Oktober 1786 – hielt sich Goethe in Bologna auf. Die beiden leicht geneigten Türme im Zentrum der Stadt – Torre Asinelli und Torre Garisenda – waren ihm ein «abscheulicher Anblick». Der erstere – etwa 100 Meter hoch – wurde zwischen 1109 und 1119 als Stadtturm errichtet, der zweite – ebenfalls aus dem 12. Jahrhundert stammend und etwa 50 Meter hoch – gehörte bis 1418 der Familie Garisendi. Welchem von beiden Goethes besonderer Abscheu galt, ist nicht auszumachen, denn er sagt nur «der hängende Turm» und kommentiert: «Ich erkläre mir diese Torheit folgendermaßen. In den Zeiten der städtischen Unruhen ward jedes große Gebäude zur Festung, aus der jede mächtige Familie einen Turm erhob. Nach und nach wurde dies zu einer Lust- und Ehrensache, jeder wollte auch mit einem Turm prangen, und als zuletzt die graden Türme gar zu alltäglich waren, so baute man einen schiefen. Auch haben Architekt und Besitzer ihren Zweck erreicht, man sieht an den vielen graden schlanken Türmen hin und sucht den krummen. Ich war nachher oben auf demselben. Die Backsteinschichten liegen horizontal. Mit gutem bindendem Kitt und eisernen Ankern kann man schon tolles Zeug machen.»

Bologna, Torre Asinelli und Torre Garisenda

Assisi

Von Perugia kommend erreichte Goethe am 26. Oktober 1786 Assisi, voll hochgespannter Erwartungen, denn: «Aus Palladio und Volkmann wußte ich, daß ein köstlicher Tempel der Minerva, zu Zeiten Augusts gebaut, noch vollkommen erhalten dastehe.» Eingeschworen auf die Antike und die Klassik Palladios, fehlt dem siebenunddreißigjährigen Reisenden jeder Sinn für die Kunst des Mittelalters, ja sie stößt ihn ab: «Die ungeheueren Substruktionen der babylonisch übereinander getürmten Kirchen, wo der heilige Franziskus ruht, ließ ich links, mit Abneigung ...» Hingegen der römische Tempel: «Das löblichste Werk stand vor meinen Augen, das erste vollständige Denkmal der alten Zeit, das ich erblickte. Ein bescheidener Tempel, wie er sich für eine so kleine Stadt schickte, und doch so vollkommen, so schön gedacht, daß er überall glänzen würde. (...) Der Tempel steht auf der schönen mittlern Höhe des Berges, wo eben zwei Hügel zusammen treffen, auf dem Platz, der noch jetzt der Platz heißt. Dieser steigt selbst ein wenig an, und es kommen auf demselben vier Straßen zusammen, die ein sehr gedrücktes Andreaskreuz machen, zwei von unten herauf, zwei von oben herunter. Wahrscheinlich standen zur alten Zeit die Häuser noch nicht, die jetzt dem Tempel gegenüber gebaut die Aussicht versperren. Denkt man sie weg, so blickte man gegen Mittag in die reichste Gegend, und zugleich würde Minervens Heiligtum von allen Seiten her gesehen. Die Anlage der Straßen mag alt sein, denn sie folgen aus der Gestalt und dem Abhange des Berges. Der Tempel steht nicht in der Mitte des Platzes, aber so gerichtet, daß er dem von Rom Heraufkommenden verkürzt gar schön sichtbar wird. Nicht allein das Gebäude sollte man zeichnen, sondern auch die glückliche Stellung. (...) Was sich durch die Beschauung dieses Werks in mir entwickelt, ist nicht auszusprechen und wird ewige Früchte bringen.» Für den «tristen Dom» hat Goethe nur noch einen abschätzigen Seitenblick, Giottos Fresken darin werden – falls er von ihnen überhaupt gewußt haben sollte – nicht erwähnt. Hätte er sie beschrieben, dann wohl nur in der Weise, wie es 1824 geschah; da spricht er in einem Aufsatz etwas gönnerhaft zwar vom «reichbegabten Giotto», aber von dessen «kindlicher, der schweren Aufgabe noch nicht gewachsenen Kunst».

Assisi, Minervatempel

11. September 1786, früh

Die Etsch fließt nun sanfter und macht an vielen Orten breite Kiese. Auf dem Lande, nah am Fluß, die Hügel hinauf, ist alles so enge an- und ineinander gepflanzt, daß man denkt, es müsse eins das andere ersticken. Weingeländer, Mais, Maulbeerbäume, Äpfel, Birnen, Quitten und Nüsse. Über Mauern wirft sich der Attich lebhaft herüber. Efeu wächst in starken Stämmen die Felsen hinauf, und verbreitet sich weit über sie; die Eidechse schlüpft durch die Zwischenräume, auch alles was hin und her wandelt, erinnert einen an die liebsten Kunstbilder. Die aufgebundenen Zöpfe der Frauen, der Männer bloße Brust und leichte Jacken, die trefflichen Ochsen, die sie vom Markt nach Hause treiben, die beladenen Eselchen, alles bildet einen lebendigen bewegten Heinrich Roos. Und nun wenn es Abend wird, bei der milden Luft wenige Wolken an den Bergen ruhen, am Himmel mehr stehen als ziehen, und gleich nach Sonnenuntergang das Geschrille der Heuschrecken laut zu werden anfängt, da fühlt man sich doch einmal in der Welt zu Hause, und nicht wie geborgt, oder im Exil. Ich lasse mir's gefallen, als wenn ich hier geboren und erzogen wäre und nun von einer Grönlandsfahrt, von einem Walfischfange zurückkäme. Auch der vaterländische Staub, der manchmal den Wagen umwirbelt, von dem ich so lange nichts erfahren habe, wird begrüßt. Das Glocken- und Schellengeläute der Heuschrecken ist allerliebst, durchdringend und nicht unangenehm. Lustig klingt es, wenn mutwillige Buben mit einem Feld solcher Sängerinnen um die Wette pfeifen, man bildet sich ein, daß sie einander wirklich steigern. Auch der Abend ist vollkommen milde, wie der Tag.

Wenn mein Entzücken hierüber jemand vernähme der in Süden wohnte, von Süden herkäme, er würde mich für sehr kindisch halten. Ach, was ich hier ausdrücke, habe ich lange gewußt, solange als ich unter einem bösen Himmel dulde, und jetzt mag ich gern diese Freude als Ausnahme fühlen, die wir als eine ewige Naturnotwendigkeit immerfort genießen sollten.

Goethe: Gegen den Brenner (1786)

Den 11. September, abends

Hier bin ich nun in Rovereto, wo die Sprache sich abschneidet; obenherein schwankt es noch immer vom Deutschen zum Italienischen. Nun hatte ich zum erstenmal einen stockwelschen Postillon, der Wirt spricht kein Deutsch, und ich muß nun meine Sprachkünste versuchen. Wie froh bin ich, daß nunmehr die geliebte Sprache lebendig, die Sprache des Gebrauchs wird.

Torbole, den 12. September, nach Tische

Wie sehr wünschte ich meine Freunde einen Augenblick neben mich, daß sie sich der Aussicht freuen könnten, die vor mir liegt.

Heute abend hätte ich können in Verona sein, aber es lag mir noch eine herrliche Naturwirkung an der Seite, ein köstliches Schauspiel, der Gardasee, den wollte ich nicht versäumen, und bin herrlich für meinen Umweg belohnt. Nach fünfen fuhr ich von Rovereto fort, ein Seitental hinauf, das seine Wasser noch in die Etsch gießt. Wenn man hinauf kommt, liegt ein ungeheurer Felsriegel hinten vor, über den man nach dem See hinunter muß. Hier zeigten sich die schönsten Kalkfelsen zu malerischen Studien. Wenn man hinab kommt, liegt ein Örtchen am nördlichen Ende des Sees, und ist ein kleiner Hafen oder vielmehr Anfahrt daselbst, es heißt Torbole. Die Feigenbäume hatten mich schon den Weg herauf häufig begleitet, und indem ich in das Felsamphitheater hinabstieg, fand ich die ersten Ölbäume voller Oliven. Hier traf ich auch zum erstenmal die weißen kleinen Feigen, als gemeine Frucht, welche mir die Gräfin Lanthieri verheißen hatte.

Aus dem Zimmer, in dem ich sitze, geht eine Türe nach dem Hof hinunter, ich habe meinen Tisch davorgerückt und die Aussicht mit einigen Linien gezeichnet. Man übersieht den See beinah in seiner ganzen Länge, nur am Ende links entwendet er sich unsern Augen. Das Ufer, auf beiden Seiten von Hügeln und Bergen eingefaßt, glänzt von unzähligen kleinen Ortschaften.

Nach Mitternacht bläst der Wind von Norden nach Süden, wer also den See hinab will, muß zu

Goethe: Rovereto (1786)

dieser Zeit fahren: denn schon einige Stunden vor Sonnenaufgang wendet sich der Luftstrom und zieht nordwärts. Jetzo Nachmittag wehet er stark gegen mich und kühlt die heiße Sonne gar lieblich. Zugleich lehrt mich Volkmann, daß dieser See ehemals Benacus geheißen, und bringt einen Vers des Virgil, worin dessen gedacht wird:
Fluctibus et fremitu resonans Benace marino.
Der erste lateinische Vers, dessen Inhalt lebendig vor mir steht, und der in dem Augenblicke, da der Wind immer stärker wächst und der See höhere Wellen gegen die Anfahrt wirft, noch heute so wahr ist als vor vielen Jahrhunderten. So manches hat sich verändert, noch aber stürmt der Wind in dem See, dessen Anblick eine Zeile Virgils noch immer veredelt.

Padua, den 27. September

Das Universitätsgebäude hat mich mit aller seiner Würde erschreckt. Es ist mir lieb, daß ich darin nichts zu lernen hatte. Eine solche Schulenge denkt man sich nicht, ob man gleich als Studiosus deutscher Akademien auf den Hörbänken auch manches leiden müssen. Besonders ist das anatomische Theater ein Muster, wie man Schüler zusammenpressen soll. In einem spitzen hohen Trichter sind die Zuhörer übereinander geschichtet. Sie sehen steil herunter auf den engen Boden, wo der Tisch steht, auf den kein Licht fällt, deshalb der Lehrer bei Lampenschein demonstrieren muß. Der botanische Garten ist desto artiger und munterer. Es können viele Pflanzen auch den Winter im Lande bleiben, wenn sie an Mauern oder nicht weit davon gesetzt sind. Man überbaut alsdann das Ganze zu Ende des Oktobers und heizt die wenigen Monate. Es ist erfreuend und belehrend, unter einer Vegetation umherzugehen, die uns fremd ist. Bei gewohnten Pflanzen, sowie bei andern längst bekannten Gegenständen, denken wir zuletzt gar nichts, und was ist Beschauen ohne Denken? Hier in dieser neu mir entgegen tretenden Mannigfaltigkeit wird jener Gedanke immer lebendiger: daß man sich alle Pflanzengestalten vielleicht aus einer entwickeln könne. Hiedurch würde es allein möglich werden, Geschlechter und Arten wahrhaft zu bestimmen, welches, wie mich dünkt, bisher sehr willkürlich geschieht. Auf diesem Punkte bin ich in meiner botanischen Philosophie stecken geblieben und ich sehe noch nicht, wie ich mich entwirren will.

Bologna, den 20. Oktober, in der Nacht

Wie viel hätte ich noch zu sagen, wenn ich alles gestehen wollte, was mir an diesem schönen Tage durch den Kopf ging. Aber mein Verlangen ist stärker als meine Gedanken. Ich fühle mich unwiderstehlich vorwärts gezogen, nur mit Mühe sammle ich mich an dem Gegenwärtigen. Und es scheint, der Himmel erhört mich. Es meldet sich ein Vetturin gerade nach Rom, und so werde ich übermorgen unaufhaltsam dorthin abgehen. Da muß ich denn wohl heute und morgen nach meinen Sachen sehn, manches besorgen und wegarbeiten.

Giredo, den 22. Oktober, abends

Die Apenninen sind mir ein merkwürdiges Stück Welt. Auf die große Fläche der Regionen des Pos folgt ein Gebirg, das sich aus der Tiefe erhebt, um, zwischen zwei Meeren, südwärts das feste Land zu endigen. Wäre die Gebirgsart nicht zu steil, zu hoch über der Meeresfläche, nicht so sonderbar verschlungen, daß Ebbe und Flut vor alten Zeiten mehr und länger hätten hereinwirken, größere Flächen bilden und überspülen können, so wäre es eins der schönsten Länder in dem herrlichsten Klima, etwas höher als das andere Land. So aber ist's ein seltsam Gewebe von Bergrücken gegeneinander; oft sieht man gar nicht ab, wohin das Wasser seinen Ablauf nehmen will. Wären die Täler besser ausgefüllt, die Flächen mehr glatt und überspült, so könnte man das Land mit Böhmen vergleichen, nur daß die Berge auf alle Weise einen andern Charakter haben. Doch muß man sich keine Bergwüste, sondern ein meist bebautes, obgleich gebirgiges Land vorstellen. Kastanien kommen hier sehr schön, der Weizen ist trefflich, und die Saat schon hübsch grün. Immergrüne Eichen mit kleinen Blättern stehen am Wege, um die Kirchen und Kapellen aber schlanke Zypressen.

Getrieben von dem Wunsch, endlich nach Rom zu kommen, bleiben Goethe in Florenz nur drei Stunden am 23. Oktober 1786, was er in späteren Jahren bereute. « Den dreiundzwanzigsten früh (...) kamen wir aus den Apenninen hervor und sahen Florenz liegen, in einem weiten Tal, das unglaublich bebaut und ins Unendliche mit Villen und Häusern besät ist. Die Stadt hatte ich eiligst durchlaufen, den Dom, das Baptisterium. Hier tut sich wieder eine ganz neue, mir unbekannte Welt auf, an der ich nicht verweilen will. »

Florenz

Rom, den 1. November 1786

Ja ich bin endlich in dieser Hauptstadt der Welt angelangt! Wenn ich sie in guter Begleitung, angeführt von einem recht verständigen Manne, vor fünfzehn Jahren gesehen hätte, wollte ich mich glücklich preisen. Sollte ich sie aber allein, mit eignen Augen sehen und besuchen, so ist es gut, daß mir diese Freude so spät zuteil ward.

Über das Tiroler Gebirg bin ich gleichsam weggeflogen. Verona, Vicenz, Padua, Venedig habe ich gut, Ferrara, Cento, Bologna flüchtig und Florenz kaum gesehen. Die Begierde, nach Rom zu kommen, war so groß, wuchs so sehr mit jedem Augenblicke, daß kein Bleibens mehr war, und ich mich nur drei Stunden in Florenz aufhielt. Nun bin ich hier und ruhig und, wie es scheint, auf mein ganzes Leben beruhigt. Denn es geht, man darf wohl sagen, ein neues Leben an, wenn man das Ganze mit Augen sieht, das man teilweise in- und auswendig kennt. Alle Träume meiner Jugend seh' ich nun lebendig; die ersten Kupferbilder, deren ich mich erinnere (mein Vater hatte die Prospekte von Rom auf einem Vorsaale aufgehängt), seh' ich nun in Wahrheit, und alles, was ich in Gemälden und Zeichnungen, Kupfern und Holzschnitten, in Gips und Kork schon lange gekannt, steht nun beisammen vor mir, wohin ich gehe, finde ich eine Bekanntschaft in einer neuen Welt; es ist alles wie ich mir's dachte und alles neu. Ebenso kann ich von meinen Beobachtungen, von meinen Ideen sagen. Ich habe keinen ganz neuen Gedanken gehabt, nichts ganz fremd gefunden, aber die alten sind so bestimmt, so lebendig, so zusammenhängend geworden, daß sie für neu gelten können. (...)

Wie moralisch heilsam ist mir es dann auch, unter einem ganz sinnlichen Volke zu leben, über das so viel Redens und Schreibens ist, das jeder Fremde nach dem Maßstabe beurteilt, den er mitbringt. Ich verzeihe jedem, der sie tadelt und schilt; sie stehn zu weit von uns ab, und als Fremder mit ihnen zu verkehren, ist beschwerlich und kostspielig.

Rom, den 5. November

Nun bin ich sieben Tage hier, und nach und nach tritt in meiner Seele der allgemeine Begriff dieser Stadt hervor. Wir gehn fleißig hin und wider, ich mache mir die Plane des alten und neuen Roms bekannt, betrachte die Ruinen, die Gebäude, besuche ein und die andere Villa, die größten Merkwürdigkeiten werden ganz langsam behandelt, ich tue nur die Augen auf und seh' und geh' und komme wieder, denn man kann sich nur in Rom auf Rom vorbereiten. (...)

Ich suche nur erst selbst die halbverdeckten Punkte herauszufühlen, dann lassen sich erst die schönen Vorarbeiten recht vollständig nutzen; denn seit dem fünfzehnten Jahrhundert bis auf unsere Tage haben sich treffliche Künstler und Gelehrte mit diesen Gegenständen ihr ganzes Leben durch beschäftigt.

Und dieses Ungeheure wirkt ganz ruhig auf uns ein, wenn wir in Rom hin und her eilen, um zu den höchsten Gegenständen zu gelangen. Anderer Orten muß man das Bedeutende aufsuchen, hier werden wir davon überdrängt und überfüllt. Wie man geht und steht, zeigt sich ein landschaftliches Bild aller Art und Weise, Paläste und Ruinen, Gärten und Wildnis, Fernen und Engen, Häuschen, Ställe, Triumphbögen und Säulen, oft alles zusammen so nah, daß es auf ein Blatt gebracht werden könnte. Man müßte mit tausend Griffeln schreiben, was soll hier eine Feder! und dann ist man abends müde und erschöpft vom Schauen und Staunen.

Den 7. November

Verzeihen mir jedoch meine Freunde, wenn ich künftig wortkarg erfunden werde; während eines Reisezugs rafft man unterwegs auf was man kann, jeder Tag bringt etwas Neues, und man eilt auch, darüber zu denken und zu urteilen. Hier aber kömmt man in eine gar große Schule, wo ein Tag so viel sagt, daß man von dem Tage nichts zu sagen wagen darf. Ja man täte wohl, wenn man, jahrelang hier verweilend, ein pythagoreisches Stillschweigen beobachtete.

Den 10. November

Ich lebe nun hier mit einer Klarheit und Ruhe, von der ich lange kein Gefühl hatte. Meine Übung, alle Dinge wie sie sind zu sehen und abzulesen, meine Treue, das Auge licht sein zu lassen, meine völlige Entäußerung von aller Prätention kommen mir einmal wieder recht zustatten und machen mich im stillen höchst glücklich. Alle Tage ein neuer merkwürdiger Gegenstand, täglich frische, große, seltsame Bilder und ein Ganzes, das man sich lange denkt und träumt, nie mit der Einbildungskraft erreicht. (...)

Kehr' ich nun in mich selbst zurück, wie man doch so gern tut bei jeder Gelegenheit, so entdecke ich ein Gefühl, das mich unendlich freut, ja das ich sogar auszusprechen wage. Wer sich mit Ernst hier umsieht und Augen hat zu sehen, muß solid werden, er muß einen Begriff von Solidität fassen, der ihm nie so lebendig ward.

Der Geist wird zur Tüchtigkeit gestempelt, gelangt zu einem Ernst ohne Trockenheit, zu einem gesetzten Wesen mit Freude. Mir wenigstens ist es, als wenn ich die Dinge dieser Welt nie so richtig geschätzt hätte als hier. Ich freue mich der gesegneten Folgen auf mein ganzes Leben.

Und so laßt mich aufraffen, wie es kommen will, die Ordnung wird sich geben. Ich bin nicht hier, um nach meiner Art zu genießen; befleißigen will ich mich der großen Gegenstände, lernen und mich ausbilden, ehe ich vierzig Jahre alt werde.

Den 24. November

Von der Nation wüßte ich nichts weiter zu sagen, als daß es Naturmenschen sind, die unter Pracht

◁ Spoleto

«Spoleto hab' ich bestiegen und war auf der Wasserleitung, die zugleich Brücke von einem Berg zu einem andern ist. Die zehen Bogen, welche über das Tal reichen, stehen von Backsteinen ihre Jahrhunderte so ruhig da, und das Wasser quillt immer noch in Spoleto an allen Orten und Enden. Das ist nun das dritte Werk der Alten, das ich sehe, und immer derselbe große Sinn. Eine zweite Natur, die zu bürgerlichen Zwecken handelt, das ist ihre Baukunst, so steht das Amphitheater, der Tempel und der Aquadukt.»

und Würde der Religion und der Künste nicht ein Haar anders sind, als sie in Höhlen und Wäldern auch sein würden. Was allen Fremden auffällt und was heute wieder die ganze Stadt reden, aber auch nur reden macht, sind die Totschläge, die gewöhnlich vorkommen. Viere sind schon in unserm Bezirk in diesen drei Wochen ermordet worden. Heute ward ein braver Künstler Schwendimann, ein Schweizer, Medailleur, der letzte Schüler von Hedlinger, überfallen, völlig wie Winckelmann. Der Mörder, mit dem er sich herumbalgte, gab ihm an die zwanzig Stiche, und da die Wache hinzukam, erstach sich der Bösewicht selbst. Das ist sonst hier nicht Mode. Der Mörder erreicht eine Kirche, und so ist's gut.

Den 3. Dezember

Auch die römischen Altertümer fangen mich an zu freuen. Geschichte, Inschriften, Münzen, von denen ich sonst nichts wissen mochte, alles drängt sich heran. Wie mir's in der Naturgeschichte erging, geht es auch hier, denn an diesen Ort knüpft sich die ganze Geschichte der Welt an, und ich zähle einen zweiten Geburtstag, eine wahre Wiedergeburt, von dem Tage, da ich Rom betrat.

Den 20. Dezember

Und doch ist das alles mehr Mühe und Sorge als Genuß. Die Wiedergeburt, die mich von innen heraus umarbeitet, wirkt immer fort. Ich dachte wohl hier was Rechts zu lernen; daß ich aber so weit in die Schule zurück gehen, daß ich so viel verlernen, ja durchaus umlernen müßte, dachte ich nicht.

Nun bin ich aber einmal überzeugt und habe mich ganz hingegeben, und je mehr ich mich selbst verleugnen muß, desto mehr freut es mich. Ich bin wie ein Baumeister, der einen Turm aufführen wollte und ein schlechtes Fundament gelegt hatte; er wird es noch beizeiten gewahr und bricht gern wieder ab, was er schon aus der Erde gebracht hat, seinen Grundriß sucht er zu erweitern, zu veredeln, sich seines Grundes mehr zu versichern, und freut sich schon im voraus der gewissern Festigkeit des künftigen Baues. Gebe der Himmel, daß bei meiner Rückkehr auch die moralischen Folgen an mir zu fühlen sein möchten, die mir das Leben in einer weitern Welt gebracht hat. Ja es ist zugleich mit dem Kunstsinn der sittliche, welcher große Erneuerung leidet.

Rom, den 25. Januar 1787

Nun wird es mir immer schwerer, von meinem Aufenthalte in Rom Rechenschaft zu geben; denn wie man die See immer tiefer findet, je weiter man hineingeht, so geht es auch mir in Betrachtung dieser Stadt.

Man kann das Gegenwärtige nicht ohne das Vergangene erkennen, und die Vergleichung von beiden erfordert mehr Zeit und Ruhe. Schon die Lage dieser Hauptstadt der Welt führt uns auf ihre Erbauung zurück. Wir sehen bald, hier hat sich kein wanderndes, großes, wohlgeführtes Volk niedergelassen und den Mittelpunkt eines Reichs weislich festgesetzt; hier hat kein mächtiger Fürst einen schicklichen Ort zum Wohnsitz einer Kolonie bestimmt. Nein, Hirten und Gesindel haben sich hier zuerst eine Stätte bereitet, ein paar rüstige Jünglinge haben auf dem Hügel den Grund zu Palästen der Herren der Welt gelegt, an dessen Fuß sie die Willkür des Ausrichters zwischen Morast und Schilf einst hinlegte. So sind die sieben Hügel Roms nicht Erhöhungen gegen das Land, das hinter ihnen liegt, sie sind es gegen die Tiber und gegen das uralte Bette der Tiber, was Campus Martius ward. Erlaubt mir das Frühjahr weitere Exkursionen, so will ich die unglückliche Lage ausführlicher schildern. Schon jetzt nehm' ich den herzlichsten Anteil an dem Jammergeschrei und den Schmerzen der Weiber von Alba, die ihre Stadt zerstören sehn und den schönen, von einem klugen Anführer gewählten Platz verlassen müssen, um an den Nebeln der Tiber teilzunehmen, den elenden Hügel Coelius zu bewohnen und von da nach ihrem verlassenen Paradiese zurück zu sehn. Ich kenne noch wenig von der Gegend, aber ich bin überzeugt, kein Ort der ältern Völker lag so schlecht als Rom, und da die Römer endlich alles verschlungen hatten, mußten sie wieder mit ihren Landhäusern hinaus und an die Plätze der zerstörten Städte rücken, um zu leben und das Leben zu genießen.

Den 2. Februar

Von der Schönheit, im vollen Mondschein Rom zu durchgehen, hat man, ohne es gesehen zu haben, keinen Begriff. Alles Einzelne wird von den großen Massen des Lichts und Schattens verschlungen, und nur die größten allgemeinsten Bilder stellen sich dem Auge dar. Seit drei Tagen haben wir die hellsten und herrlichsten Nächte wohl und vollständig genossen. Einen vorzüglich schönen Anblick gewährt das Colosseo. Es wird nachts zugeschlossen, ein Eremit wohnt darin an einem Kirchelchen, und Bettler nisten in den verfallenen Gewölben. Sie hatten auf flachem Boden ein Feuer angelegt, und eine stille Luft trieb den Rauch erst auf der Arena hin, daß der untere Teil der Ruinen bedeckt war und die ungeheuern Mauern oben drüber finster herausragten; wir standen am Gitter und sahen dem Phänomen zu, der Mond stand hoch und heiter. Nach und nach zog sich der Rauch durch die Wände, Lücken und Öffnungen, ihn beleuchtete der Mond wie einen Nebel. Der Anblick war köstlich. So muß man das Pantheon, das Kapitol beleuchtet sehn, den Vorhof der Peterskirche und andere große Straßen und Plätze. Und so haben Sonne und Mond, eben wie der Menschengeist, hier ein ganz anderes Geschäft als anderer Orten, hier, wo ihrem Blick ungeheure und doch gebildete Massen entgegen stehn.

«Ein saures und trauriges Geschäft ist es, das alte Rom aus dem neuen herauszusuchen, und doch muß man es, und es gibt die beste Freude», schreibt Goethe am 7. November 1786 an die Freunde in Weimar. «Man trifft Spuren einer Herrlichkeit und einer Zerstörung, die beide über unsere Begriffe gehn.» ▷

Rom, Blick vom
Forum des Cäsar
zur Trajanssäule

◁ Rom, Ruinen der Kaiserpaläste auf dem Palatin

« Heute war ich (...) abends auf dem Palatin, oben auf den Ruinen der Kaiserpaläste, die wie Felsenwände dastehn. Hievon läßt sich nun freilich nichts überliefern! Wahrlich, es gibt hier nichts Kleines, wenn auch wohl hier und da etwas Scheltenswertes und Abgeschmacktes; doch auch ein solches hat teil an der allgemeinen Großheit genommen. »

Rom, Statue im Park der Villa Pamfili

« Jetzt seh' ich, jetzt genieß' ich erst das Höchste, was uns vom Altertum übrig blieb, die Statuen. Ja, ich sehe wohl ein, daß man ein ganzes Leben studieren kann und am Ende doch noch ausrufen möchte: Jetzt seh' ich, jetzt genieß' ich erst. »

Rom, Petersplatz

Das Fest Sankt Peter und Paul wird damals in Rom alljährlich mit einem Feuerwerk und der Illuminierung der Peterskuppel gefeiert. « Die schöne Form der Kolonnade, der Kirche und be-

sonders der Kuppel, erst in einem feurigen Umrisse und, wenn die Stunde vorbei ist, in einer glühenden Masse zu sehn, ist einzig und herrlich. Wenn man bedenkt, daß das ungeheure Gebäude in diesem Augenblick nur zum Gerüste dient, so wird man wohl begreifen, daß etwas Ähnliches in der Welt nicht sein kann. Der Himmel war rein und hell, der Mond schien und dämpfte das Feuer der Lampen zum angenehmen Schein, zuletzt aber, wie alles durch die zweite Erleuchtung in Glut gesetzt wurde, ward das Licht des Mondes ausgelöscht.»

Rom, San Paolo fuori le Mura

Die Kirche S. Paolo fuori le Mura lernte Goethe im Dezember 1786 kennen: « Der Eintritt in diese Kirche verleiht einen erhabenen Eindruck, die mächtigsten Säulenreihen tragen hohe gemalte Wände, welche oben durch das verschränkte Zimmerwerk des Dachs geschlossen, zwar jetzt unserm verwöhnten Auge einen scheunenartigen Anblick geben, obschon das Ganze, wäre die Kontignation an festlichen Tagen mit Teppichen überspannt, von unglaublicher Wirkung sein müßte. Mancher wundersame Rest kolossaler, höchst verzierter Architektur an Kapitälen findet sich hier anständig aufbewahrt, aus den Ruinen von dem ehemals nahe gelegenen, jetzo fast ganz verschwundenen Palast des Caracalla entnommen und gerettet. » So wie sie Goethe erlebte und beschrieb, existiert die berühmte Basilika nicht mehr, denn sie brannte 1823 ab. Beim Wiederaufbau hielt man sich aber ungefähr an die alte Form mit ihren 80 antiken Säulen. Der von Goethe bemerkte « scheunenartige Anblick » des offenen Dachgestühls wurde beim Wiederaufbau durch eine reich ornamentierte Kassettendecke ersetzt.

Rom, Caracalla-Thermen ▷

Die Monumentalität der römischen Architektur und ihr ruinöser Zustand beschäftigten den siebenunddreißigjährigen Reisenden nachhaltig: « Wenn man so eine Existenz ansieht, die zweitausend Jahr und drüber alt ist, durch die Wechsel der Zeiten so mannigfaltig und von Grund aus verändert, und doch noch derselbe Boden, derselbe Berg, ja oft dieselbe Säule und Mauer, und im Volke noch die Spuren des alten Charakters; so wird man ein Mitgenosse der großen Ratschlüsse des Schicksals », schreibt er nachdenklich am 10. November 1786 aus Rom an das Ehepaar Herder.

Der Villa Doria Pamfili auf dem Gianicolo südlich des Vatikans galt ein Ausflug Goethes am 28. November 1786, «fast bei zu warmem Sonnenschein». Der Anblick der «sehr schönen Gartenpartien», die trotz der vorgeschrittenen Jahreszeit so gar nicht herbstlich wirkten, regte den Besucher zu «botanischen Spekulationen» an: «Es ist gar interessant zu bemerken, wie eine lebhaft fortgesetzte und durch starke Kälte nicht unterbrochene Vegetation wirkt, hier gibt's keine Knospen, und man lernt erst begreifen, was eine Knospe sei.»

Rom, Villa Pamfili

PAVLVS QVINTVS PONTIFEX MAXIMVS
AQVAM IN AGRO BRACCIANENSI
SALVBERRIMIS E FONTIBVS COLLECTAM
VETERIBVS AQVAE ALSIETINAE DVCTIBVS RESTITVTIS
NOVISQVE ADDITIS
XXXV AB MILLIARIO DVXIT
ANNO DOMINI MDCXII PONTIFICATVS SVI SEPTIMO

Rom, den 20. Juli 1787

Ich habe recht diese Zeit her zwei meiner Kapitalfehler, die mich mein ganzes Leben verfolgt und gepeinigt haben, entdecken können. Einer ist, daß ich nie das Handwerk einer Sache, die ich treiben wollte oder sollte, lernen mochte. Daher ist gekommen, daß ich mit so viel natürlicher Anlage so wenig gemacht und getan habe. Entweder es war durch die Kraft des Geistes gezwungen, gelang oder mißlang, wie Glück und Zufall es wollten, oder wenn ich eine Sache gut und mit Überlegung machen wollte, war ich furchtsam und konnte nicht fertig werden. Der andere nah verwandte Fehler ist: daß ich nie so viel Zeit auf eine Arbeit oder Geschäft wenden mochte, als dazu erfordert wird. Da ich die Glückseligkeit genieße, sehr viel in kurzer Zeit denken und kombinieren zu können, so ist mir eine schrittweise Ausführung nojos und unerträglich. Nun dächt' ich, wäre Zeit und Stunde da sich zu korrigieren. Ich bin im Land der Künste, laßt uns das Fach durcharbeiten, damit wir für unser übriges Leben Ruh und Freude haben und an was anders gehen können.

Rom ist ein herrlicher Ort dazu. Nicht allein die Gegenstände aller Art sind hier, sondern auch Menschen aller Art, denen es Ernst ist, die auf den rechten Wegen gehen, mit denen man sich unterhaltend gar bequem und schleunig weiter bringen kann. Gott sei Dank, ich fange an von andern lernen und annehmen zu können.

Und so befinde ich mich an Leib und Seele wohler als jemals! Möchtet ihr es an meinen Produktionen sehen und meine Abwesenheit preisen. Durch das, was ich mache und denke, häng' ich mit euch zusammen, übrigens bin ich freilich sehr allein und muß meine Gespräche modifizieren. Doch das ist hier leichter als irgendwo, weil man mit jedem etwas Interessantes zu reden hat.

Den 22. September

Ich habe mir eine Sammlung von zweihundert der besten Antiken-Gemmen-Abdrücke angeschafft. Es ist das Schönste, was man von alter Arbeit hat, und zum Teil sind sie auch wegen der artigen Gedanken gewählt. Man kann von Rom nichts Kostbareres mitnehmen, besonders da die Abdrücke so außerordentlich schön und scharf sind.

Wie manches Gute werd' ich mitbringen, wenn ich mit meinem Schiffchen zurückkehre, doch vor allem ein fröhliches Herz, fähiger das Glück, was mir Liebe und Freundschaft zudenkt, zu genießen. Nur muß ich nichts wieder unternehmen, was außer dem Kreise meiner Fähigkeit liegt, wo ich mich nur abarbeite und nichts fruchte.

Noch ein Blatt, meine Lieben, muß ich euch mit dieser Post eilig schicken. Heute war mir ein sehr merkwürdiger Tag. Briefe von vielen Freunden, von der Herzoginmutter, Nachricht von meinem gefeierten Geburtsfeste und endlich meine Schriften.

Es ist mir wirklich sonderbar zumute, daß diese vier zarten Bändchen, die Resultate eines halben Lebens, mich in Rom aufsuchen. Ich kann wohl sagen: es ist kein Buchstabe drin, der nicht gelebt, empfunden, genossen, gelitten, gedacht wäre, und sie sprechen mich nun alle desto lebhafter an. Meine Sorge und Hoffnung ist, daß die vier folgenden nicht hinter diesen bleiben. Ich danke euch für alles was ihr an diesen Blättern getan habt, und wünsche euch auch Freude bringen zu können. Sorgt auch für die folgenden mit treuen Herzen.

Albano, den 5. Oktober

Ich mag von meinem Leben keine Beschreibung machen, es sieht gar zu lustig aus. Vor allem beschäftigt mich das Landschaftszeichnen, wozu dieser Himmel und diese Erde vorzüglich einlädt. Sogar hab' ich einige Idyllen gefunden. Was werd' ich nicht noch alles machen. Das seh' ich wohl, unsereiner muß nur immer neue Gegenstände um sich haben, dann ist er geborgen.

Rom, den 27. Oktober

Es geht mit mir jetzt eine neue Epoche an. Mein Gemüt ist nun durch das viele Sehen und Erkennen so ausgeweitet, daß ich mich auf irgendeine Arbeit beschränken muß. Die Individualität eines Menschen ist ein wunderlich Ding, die meine hab' ich jetzt recht kennen lernen, da ich einerseits die-

Rom, Acqua Paola

« Auf dem Platze vor Sankt Peter in Montorio begrüßten wir den Wasserschwall der Acqua Paola, welcher durch eines Triumphbogens Pforten und Tore, in fünf Strömen, ein großes verhältnismäßiges Becken bis an den Rand füllt. Durch einen von Paul V. wiederhergestellten Aquädukt macht diese Stromfülle einen Weg von fünfundzwanzig Miglien hinter dem See Bracciano her, durch ein wunderliches, von abwechselnden Höhen gebotenes Zickzack, bis an diesen Ort, versieht die Bedürfnisse verschiedener Mühlen und Fabriken, um sich zugleich in Trastevere zu verbreiten.

Hier nun rühmten Freunde der Baukunst den glücklichen Gedanken, diesen Wassern einen offen schaubaren triumphierenden Eintritt verschafft zu haben. Man wird durch Säulen und Bogen, durch Gesims und Attiken an jene Prachttore erinnert, wodurch ehmals kriegerische Überwinder einzutreten pflegten; hier tritt der friedlichste Ernährer mit gleicher Kraft und Gewalt ein und empfängt für die Mühen seines weiten Laufes sogleich Dank und Bewunderung. Auch sagen uns die Inschriften, daß Vorsehung und Wohltätigkeit eines Papstes aus dem Hause Borghese hier gleichsam einen ewigen, ununterbrochenen, stattlichen Einzug halten.

Ein kurz vorher eingetroffener Ankömmling aus Norwegen fand jedoch, man würde besser getan haben rohe Felsen hier aufzutürmen, um diesen Fluten einen natürlicheren Eintritt ans Tageslicht zu verschaffen. Man entgegnete ihm, daß dies kein Natur-, sondern ein Kunstwasser sei, dessen Ankunft man auf eine gleichartige Weise zu schmücken gar wohl berechtigt gewesen wäre. »

ses Jahr bloß von mir selbst abgehangen habe, und von der andern Seite mit völlig fremden Menschen umzugehen hatte.

Rom, den 21. Dezember

Daß ich zeichne und die Kunst studiere, hilft dem Dichtungsvermögen auf, statt es zu hindern, denn schreiben muß man nur wenig, zeichnen viel. Dir wünsche ich nur den Begriff der bildenden Kunst mitteilen zu können, den ich jetzt habe; so subordiniert er auch noch ist, so erfreulich, weil er wahr ist und immer weiter deutet. Der Verstand und die Konsequenz der großen Meister ist unglaublich. Wenn ich bei meiner Ankunft in Italien wie neu geboren war, so fange ich jetzt an, wie neu erzogen zu sein.

Rom, den 5. Januar 1788

Verzeiht, wenn ich heute nur wenig schreibe. Dieses Jahr ist mit Ernst und Fleiß angefangen worden, und ich kann mich kaum umsehen.

Nach einem Stillstand von einigen Wochen, in denen ich mich leidend verhielt, habe ich wieder die schönsten, ich darf wohl sagen Offenbarungen. Es ist mir erlaubt, Blicke in das Wesen der Dinge und ihre Verhältnisse zu werfen, die mir einen Abgrund von Reichtum eröffnen. Diese Wirkungen entstehen in meinem Gemüte, weil ich immer lerne, und zwar von andern lerne. Wenn man sich selbst lehrt, ist die arbeitende und verarbeitende Kraft eins, und die Vorschritte müssen kleiner und langsamer werden.

Das Studium des menschlichen Körpers hat mich nun ganz. Alles andre verschwindet dagegen. Es ist mir damit durch mein ganzes Leben, auch jetzt wieder sonderbar gegangen. Darüber ist nicht zu reden; was ich noch machen werde, muß die Zeit lehren.

Die Opern unterhalten mich nicht, nur das innig und ewig Wahre kann mich nun erfreuen.

Es spitzt sich bis gegen Ostern eine Epoche zu, das fühl' ich; was werden wird, weiß ich nicht.

Rom, den 10. Januar

Das Interesse an der menschlichen Gestalt hebt nun alles andre auf. Ich fühlte es wohl und wendete mich immer davon weg, wie man sich von der blendenden Sonne wegwendet, auch ist alles vergebens, was man außer Rom darüber studieren will. Ohne einen Faden, den man nur hier spinnen lernt, kann man sich aus diesem Labyrinthe nicht herausfinden. Leider wird mein Faden nicht lang genug, indessen hilft er mir doch durch die ersten Gänge.

Rom, den 22. Februar

Ich bin fleißig und vergnügt, und erwarte so die Zukunft. Täglich wird mir's deutlicher, daß ich eigentlich zur Dichtkunst geboren bin, und daß ich die nächsten zehen Jahre, die ich höchstens noch arbeiten darf, dieses Talent exkolieren und noch etwas Gutes machen sollte, da mir das Feuer der Jugend manches ohne großes Studium gelingen ließ. Von meinem längern Aufenthalt in Rom werde ich den Vorteil haben, daß ich auf das Ausüben der bildenden Kunst Verzicht tue.

Rom, den 22. März

So viel kann ich sagen, daß ich in Rom immer glücklicher geworden bin, daß noch mit jedem Tage mein Vergnügen wächst; und wenn es traurig scheinen möchte, daß ich eben scheiden soll, da ich am meisten verdiente zu bleiben, so ist es doch wieder eine große Beunruhigung, daß ich so lang habe bleiben können, um auf den Punkt zu gelangen.

Rom, April 1788

Auf eine besonders feierliche Weise sollte jedoch mein Abschied aus Rom vorbereitet werden; drei Nächte vorher stand der volle Mond am klarsten Himmel, und ein Zauber, der sich dadurch über die ungeheure Stadt verbreitet, so oft empfunden, ward nun aufs eindringlichste fühlbar. Die großen Lichtmassen, klar, wie von einem milden Tage beleuchtet, mit ihren Gegensätzen von tiefen Schatten, durch Reflexe manchmal erhellt, zur Ahnung des einzelnen, setzen uns in einen Zustand wie von einer andern einfachern größern Welt.

Am 10. November 1786 besucht Goethe « die zerstörten Grabstätten längs der Via Appia » und schreibt an das Ehepaar Herder: « Diese Menschen arbeiteten für die Ewigkeit, es war auf alles kalkuliert, nur auf den Unsinn der Verwüster nicht, dem alles weichen mußte. » ▷

An der Via Appia

Die Cestius-Pyramide – Grabmahl des im Jahre 12 v. Chr. gestorbenen römischen Volkstribuns Cajus Cestius an der Porta Paola – sah Goethe erstmals am 10. November 1786. Über «die Wirkung, die ich schon in meiner Seele fühle» und die von den antiken Monumenten auf ihn ausstrahlt, schreibt er an diesem Tage an das Ehepaar Herder: «Es ist eine innre Solidität, mit der der Geist gleichsam gestempelt wird; Ernst ohne Trockenheit und ein gesetztes Wesen mit Freude. Ich denke die gesegneten Folgen auf mein ganzes Leben zu fühlen.» Vier Jahrzehnte später wird Goethes einziger Sohn August hier – auf dem angrenzenden protestantischen Friedhof – beigesetzt werden.

Rom, Cestius-Pyramide

Paestum, Poseidontempel

Frascati, Villa Aldobrandini

◁ Mit den drei Tempeln von Paestum in Süditalien sah Goethe am 23. März 1787 zum erstenmal griechische Bauwerke, die in ihm zunächst Befremden erregten: «Ich befand mich in einer völlig fremden Welt. Denn wie die Jahrhunderte sich aus dem Ernsten in das Gefällige bilden, so bilden sie den Menschen mit, ja sie erzeugen ihn so. Nun sind unsere Augen und durch sie unser ganzes inneres Wesen an schlankere Baukunst herangetrieben und entschieden bestimmt, so daß uns diese stumpfen, kegelförmigen, enggedrängten Säulenmassen lästig, ja furchtbar erscheinen. Doch nahm ich mich bald zusammen, erinnerte mich der Kunstgeschichte, gedachte der Zeit, deren Geist solche Bauart gemäß fand, vergegenwärtigte mir den strengen Stil der Plastik, und in weniger als einer Stunde fühlte ich mich befreundet, ja ich pries den Genius, daß er mich diese so wohl erhaltenen Reste mit Augen sehen ließ, da sich von ihnen durch Abbildung kein Begriff geben läßt. Denn im architektonischen Aufriß erscheinen sie eleganter, in perspektivischer Darstellung plumper als sie sind, nur wenn man sich um sie her, durch sie durch bewegt, teilt man ihnen das eigentliche Leben mit; man fühlt es wieder aus ihnen heraus, welches der Baumeister beabsichtigte, ja hineinschuf.»

△
«Eine herrliche, obgleich nicht unerwartete Aussicht ward uns aus den Fenstern der Villa des Fürsten Aldobrandini, der, gerade auf dem Lande gegenwärtig, uns freundlich einlud und uns in Gesellschaft seiner geistlichen und weltlichen Hausgenossen an einer gut besetzten Tafel festlich bewirtete. Es läßt sich denken, daß man das Schloß dergestalt angelegt hat, die Herrlichkeit der Hügel und des flachen Landes mit einem Blick übersehen zu können. Man spricht viel von Lusthäusern, aber man müßte von hier aus umherblicken, um sich zu überzeugen, daß nicht leicht ein Haus lustiger gelegen sein könne.»

Palermo, Dienstag, den 3. April 1787

Hat man sich nicht ringsum vom Meere umgeben gesehen, so hat man keinen Begriff von Welt und von seinem Verhältnis zur Welt. Als Landschaftszeichner hat mir diese große simple Linie ganz neue Gedanken gegeben.

Mit keinen Worten ist die dunstige Klarheit auszudrücken, die um die Küsten schwebte, als wir am schönsten Nachmittage gegen Palermo anfuhren. Die Reinheit der Konture, die Weichheit des Ganzen, das Auseinanderweichen der Töne, die Harmonie von Himmel, Meer und Erde. Wer es gesehen hat, der hat es auf sein ganzes Leben. Nun versteh' ich erst die Claude Lorrain und habe Hoffnung, auch dereinst in Norden aus meiner Seele Schattenbilder dieser glücklichen Wohnung hervor zu bringen. Wäre nur alles Kleinliche so rein daraus weggewaschen als die Kleinheit der Strohdächer aus meinen Zeichenbegriffen. Wir wollen sehen, was diese Königin der Inseln tun kann.

Wie sie uns empfangen hat, habe ich keine Worte auszudrücken: mit frischgrünenden Maulbeerbäumen, immer grünendem Oleander, Zitronenhecken etc. In einem öffentlichen Garten stehn weite Beete von Ranunkeln und Anemonen. Die Luft ist mild, warm und wohlriechend, der Wind lau. Der Mond ging dazu voll hinter einem Vorgebirge herauf und schien ins Meer; und diesen Genuß, nachdem man vier Tage und Nächte auf den Wellen geschwebt! Verzeiht, wenn ich mit einer stumpfen Feder aus einer Tuschmuschel, aus der mein Gefährte die Umrisse nachzieht, dieses hinkritzle. Es kommt doch wie ein Lispeln zu euch hinüber, indes ich allen die mich lieben ein ander Denkmal dieser meiner glücklichen Stunden bereite. Was es wird, sag' ich nicht, wann ihr es erhaltet, kann ich auch nicht sagen.

Dieses Blatt sollte nun, meine Geliebten, euch des schönsten Genusses, insofern es möglich wäre, teilhaft machen; es sollte die Schilderung der unvergleichlichen, eine große Wassermasse umfassenden Bucht überliefern. Von Osten herauf, wo ein flächeres Vorgebirg weit in die See greift, an vielen schroffen, wohlgebildeten, waldbewachsenen Felsen hin bis an die Fischerwohnungen der Vorstädte herauf, dann an der Stadt selbst her, deren äußere Häuser alle nach dem Hafen schauen, wie unsere Wohnung auch, bis zu dem Tore, durch welches wir hereinkamen.

Dann geht es westwärts weiter fort an den gewöhnlichen Landungsplatz, wo kleinere Schiffe anlegen, bis zu dem eigentlichen Hafen an den Molo, die Station größerer Schiffe. Da erhebt sich nun, sämtliche Fahrzeuge zu schützen, in Westen der Monte Pellegrino in seinen schönen Formen, nachdem er ein liebliches fruchtbares Tal, das sich bis zum jenseitigen Meer erstreckt, zwischen sich und dem eigentlichen festen Land gelassen.

Palermo, Sonnabend, den 7. April

In dem öffentlichen Garten, unmittelbar an der Reede, brachte ich im stillen die vergnügtesten Stunden zu. Es ist der wunderbarste Ort von der Welt. Regelmäßig angelegt, scheint er uns doch feenhaft; vor nicht gar langer Zeit gepflanzt, versetzt er ins Altertum. Grüne Beeteinfassungen umschließen fremde Gewächse, Zitronenspaliere wölben sich zum niedlichen Laubengange, hohe Wände des Oleanders, geschmückt von tausend roten nelkenhaften Blüten, locken das Auge. Ganz fremde mir unbekannte Bäume, noch ohne Laub, wahrscheinlich aus wärmeren Gegenden, verbreiten seltsame Zweige. Eine hinter dem flachen Raum erhöhte Bank läßt einen so wundersam verschlungenen Wachstum übersehen und lenkt den Blick zuletzt auf große Bassins, in welchen Gold- und Silberfische sich gar lieblich bewegen, bald sich unter bemooste Röhren verbergen, bald wieder scharenweis, durch einen Bissen Brot gelockt, sich versammeln. An den Pflanzen erscheint durchaus ein Grün, das wir nicht gewohnt sind, bald gelblicher bald blaulicher als bei uns. Was aber dem Ganzen die wundersamste Anmut verlieh, war ein starker Duft, der sich über alles gleichförmig verbreitete, mit so merklicher Wirkung, daß die Gegenstände, auch nur einige Schritte hintereinander entfernt, sich entschiedener hellblau voneinander absetzten, so daß ihre eigentümliche Farbe zuletzt verloren ging, oder wenigstens sehr überbläut sie sich dem Auge darstellten.

Welche wundersame Ansicht ein solcher Duft entfernteren Gegenständen, Schiffen, Vorgebirgen erteilt, ist für ein malerisches Auge merkwürdig genug, indem die Distanzen genau zu unterscheiden, ja zu messen sind; deswegen auch ein Spaziergang auf die Höhe höchst reizend ward. Man sah keine Natur mehr, sondern nur Bilder, wie sie der künstlichste Maler durch Lasieren auseinander gestuft hätte.

Aber der Eindruck jenes Wundergartens war mir zu tief geblieben; die schwärzlichen Wellen am nördlichen Horizonte, ihr Anstreben an die Buchtkrümmungen, selbst der eigene Geruch des dünstenden Meeres, das alles rief mir die Insel der seligen Phäaken in die Sinne sowie ins Gedächtnis. Ich eilte sogleich einen Homer zu kaufen, jenen Gesang mit großer Erbauung zu lesen und eine Übersetzung aus dem Stegreif Kniepen vorzutragen, der wohl verdiente, bei einem guten Glase Wein von seinen strengen heutigen Bemühungen behaglich auszuruhen.

Palermo, Freitag, den 13. April

Italien ohne Sizilien macht gar kein Bild in der Seele: hier ist erst der Schlüssel zu allem.

Vom Klima kann man nicht Gutes genug sagen; jetzt ist's Regenzeit, aber immer unterbrochen; heute donnert und blitzt es, und alles wird mit Macht grün. Der Lein hat schon zum Teil Knoten gewonnen, der andere Teil blüht. Man glaubt an den Gründen kleine Teiche zu sehen, so schön blaugrün liegen die Leinfelder unten. Der reizenden Gegenstände sind unzählige! Und mein Geselle ist ein exzellenter Mensch, der wahre Hoffegut, so wie ich redlich den Treufreund fortspiele. Er hat schon recht schöne Konture gemacht und wird noch das Beste mitnehmen. Welche Aussicht, mit meinen Schätzen dereinst glücklich nach Hause zu kommen!

Vom Essen und Trinken hier zu Land hab' ich noch nichts gesagt, und doch ist es kein kleiner Artikel. Die Gartenfrüchte sind herrlich, besonders der Salat von Zartheit und Geschmack wie eine Milch; man begreift, warum ihn die Alten Lactuca genannt haben. Das Öl, der Wein alles sehr gut, und sie könnten noch besser sein, wenn man auf ihre Bereitung mehr Sorgfalt verwendete. Fische die besten, zartesten. Auch haben wir diese Zeit her sehr gut Rindfleisch gehabt, ob man es gleich sonst nicht loben will.

Nun vom Mittagessen ans Fenster! auf die Straße! Es ward ein Missetäter begnadigt, welches immer zu Ehren der heilbringenden Osterwoche geschieht. Eine Brüderschaft führt ihn bis unter einen zum Schein aufgebauten Galgen, dort muß er vor der Leiter eine Andacht verrichten, die Leiter küssen und wird dann wieder weggeführt. Es war ein hübscher Mensch vom Mittelstande, frisiert, einen weißen Frack, weißen Hut, alles weiß. Er trug den Hut in der Hand, und man hätte ihm hie und da nur bunte Bänder anheften dürfen, so konnte er als Schäfer auf jede Redoute gehen.

An der Bucht von Palermo

« Das ist an Sizilien so lustig, daß, wenn man kaum eine Strecke ins Land hinein ist, gleich auf der andern Seite das Meer wieder erscheint und eine neue Küste uns entgegenlacht », schreibt Goethe an Herzog Carl August, schon auf der Rückreise nach Rom Ende Mai 1787. Er hatte am 29. März in Neapel eine Korvette bestiegen (« in Amerika gebaut, schnell segelnd »), die am Morgen des 2. April in Palermo vor Anker ging. « Ein klarer Duft blaute alle Schatten » : Inspiriert vom Erlebnis des Meeres, der Küste und der Brandung – vor allem aber des Lichtes – schreibt er auf Sizilien den Entwurf zu einem Nausikaa-Drama.

Palermo, Plastiken an der Villa Pallagonia

Als Goethe am 9. April 1787 die südöstlich von Palermo gelegene Villa und damit den « Unsinn des Prinzen Pallagonia » kennenlernt, bringt er aus Rom einen an den römischen Antiken geschulten klassizistischen Geschmack mit, der freilich mit der « Pallagonischen Raserei » empfindlich kollidieren mußte. Goethe, zeitlebens besonders reizbar gegenüber dem Skurrilen, Grotesken, Fratzenhaften, empfindet angesichts der 1715 geschaffenen Plastiken auf der Umfassungsmauer der Villa nur « das Widerliche dieser von den gemeinsten Steinhauern gepfuschten Mißbildungen », die für ihn « Spitzruten des Wahnsinns » sind. Noch drei Jahrzehnte später, bei der Niederschrift der « Italienischen Reise », zittert das zornige Angewidertsein des Autors durch, wenn er schreibt: « Der jetzige Besitzer (...) erlaubt seiner Lust und Leidenschaft zu mißgestaltetem abgeschmacktem Gebilde den freisten Lauf, und man erzeigt ihm viel zu viel Ehre, wenn man ihm nur einen Funken Einbildungskraft zuschreibt. »

Tempel von Agrigento

Um die antiken Tempelruinen von Agrigento (damals Girgenti genannt) ausführlich studieren zu können, nahm Goethe sich fünf Tage Zeit, vom 23. bis zum 27. April 1787. «Wir spazierten gegen das Meer, von woher sich Girgenti, wie uns die Alten versichern, sehr gut ausgenommen habe. Der Blick ward in die Wellenweite gezogen, und mein Führer machte mich aufmerksam auf einen langen Wolkenstreif, der südwärts, einem Bergrücken gleich, auf der Horizontallinie aufzuliegen schien: dies sei die Andeutung der Küste von Afrika, sagte er.» Goethe bemerkt den witterungsbedingten Verfall der Tempel und zeigt sich unzufrieden mit den vorgenommenen Ausbesserungen aus neuester Zeit: «Ich will mich nicht beklagen, daß der neuere löbliche Vorsatz, diese Monumente zu erhalten, geschmacklos ausgeführt worden, indem man die Lücken mit blendend weißem Gips ausbesserte; dadurch steht dieses Monument auch auf gewisse Weise zertrümmert vor dem Auge; wie leicht wäre es gewesen, dem Gips die Farbe des verwitterten Steins zu geben. Sieht man freilich den so leicht sich bröckelnden Muschelkalk der Säulen und Mauern, so wundert man sich, daß er noch so lange gehalten.»

«Heute früh ging ich mit dem festen ruhigen Vorsatz, meine dichterischen Träume fortzusetzen, nach dem öffentlichen Garten, allein, eh ich mich's versah, erhaschte mich ein anderes Gespenst, das mir schon diese Tage nachgeschlichen. Die vielen Pflanzen, die ich sonst nur in Kübeln und Töpfen, ja die größte Zeit des Jahres nur hinter Glasfenstern zu sehen gewohnt war, stehen hier froh und frisch unter freiem Himmel, und indem sie ihre Bestimmung vollkommen erfüllen, werden sie uns deutlicher. Im Angesicht so vielerlei neuen und erneuten Gebildes fiel mir die alte Grille wieder ein: ob ich nicht unter dieser Schar die Urpflanze entdecken könnte? Eine solche muß es denn doch geben! Woran würde ich sonst erkennen, daß dieses oder jenes Gebilde eine Pflanze sei, wenn sie nicht alle nach einem Muster gebildet wären. Ich bemühte mich zu untersuchen, worin denn die vielen abweichenden Gestalten voneinander unterschieden seien. Und ich fand sie immer mehr ähnlich als verschieden, und wollte ich meine botanische Terminologie anbringen, so ging das wohl, aber es fruchtete nicht, es machte mich unruhig, ohne daß es mir weiter half. Gestört war mein guter poetischer Vorsatz, der Garten des Alcinous war verschwunden, ein Weltgarten hatte sich aufgetan.»

Palermo, Botanischer Garten

Ätna

Nur zu gerne hätte Goethe von Catania aus den Gipfel des Ätna bestiegen, aber man hatte ihn ausdrücklich gewarnt, da zu dieser Jahreszeit – Anfang Mai – noch zuviel Schnee liege und ihm den Nebenkrater des Monte Rosso auf der Südseite des Ätna als Äquivalent vorgeschlagen. Goethe befolgte diesen Rat am folgenden Tag, dem 5. Mai 1787: «Gerade über uns die Wälder von Nicolosi, aus denen der beschneite, wenig rauchende Gipfel hervorstieg. Wir rückten dem roten Berge näher, ich stieg hinauf; er ist ganz aus rotem vulkanischem Grus, Asche und Steinen zusammengehäuft. Um die Mündung hätte sich bequem herumgehen lassen, hätte nicht ein gewaltsam stürmender Morgenwind jeden Schritt unsicher gemacht; wollte ich nur einigermaßen fortkommen, so mußte ich den Mantel ablegen, nun aber war der Hut jeden Augenblick in Gefahr, in den Krater getrieben zu werden und ich hinterdrein. Deshalb setzte ich mich nieder, um mich zu fassen und die Gegend zu überschauen; aber auch diese Lage half mir nichts: der Sturm kam gerade von Osten her, über das herrliche Land, das nah und fern bis ans Meer unter mir lag.»

Dem unvollendet gebliebenen Tempel von Segesta galt ein Ausflug am 20. April 1787: « Die Lage des Tempels ist sonderbar: am höchsten Ende eines weiten langen Tales, auf einem isolierten Hügel, aber doch noch weit von Klippen umgeben, sieht er über viel Land in eine weite Ferne, aber nur ein Eckchen Meer. Die Gegend ruht in trauriger Fruchtbarkeit, alles bebaut und fast nirgends eine Wohnung. Auf blühenden Disteln schwärmten unzählige Schmetterlinge. Wilder Fenchel stand, acht bis neun Fuß hoch, verdorret von vorigem Jahr her so reichlich und in scheinbarer Ordnung, daß man es für die Anlage einer Baumschule hätte halten können. Der Wind sauste in den Säulen wie in einem Walde, und Raubvögel schwebten schreiend über dem Gebälke. »

Segesta, Tempel

Als « das ungeheuerste Natur- und Kunstwerk » empfindet Goethe das griechisch-römische Theater von Taormina auf Sizilien, das er am 7. Mai 1787 zum erstenmal sieht: « Setzt man sich nun dahin, wo ehmals die obersten Zuschauer saßen, so muß man gestehen, daß wohl nie ein Publikum im Theater solche Gegenstände vor sich gehabt. Rechts zur Seite auf höheren Felsen erheben sich Kastelle, weiter unten liegt die Stadt, und obschon diese Baulichkeiten aus neueren Zeiten sind, so standen doch von alters wohl eben dergleichen auf derselben Stelle. Nun sieht man an dem ganzen langen Gebirgsrücken des Ätna hin, links das Meerufer bis nach Catania, ja Syrakus; dann schließt der ungeheure dampfende Feuerberg das weite breite Bild, aber nicht schrecklich, denn die mildernde Atmosphäre zeigt ihn entfernter und sanfter als er ist. »

Taormina, Theater
mit Blick auf den Ätna

«Daß ich Sizilien gesehen habe, ist mir ein unzerstörlicher Schatz auf mein ganzes Leben», lautet das Fazit in einem Brief Goethes an Herzog Carl August, den er am 27./29. Mai 1787 in Neapel schreibt. «Ich bin neugierig, wie mir sein wird, wenn ich kein Meer künftig sehe, das ich nun drei Monate anhaltend und aus so vielen Gesichtspunkten im Auge gehabt habe.»

Untrennbar vom Meer ist das Licht, das er jetzt erstmals ganz als das Licht Homers empfindet: «Die Klarheit des Himmels, der Hauch des Meeres, die Düfte, wodurch die Gebirge mit Himmel und Meer gleichsam in ein Element aufgelöst wurden ...»

Was er bisher auf dieser Reise versäumt hat, holt er nun nach: Er kauft sich eine Ausgabe der Odyssee und läßt sich von ihr zu einer Nausikaa-Tragödie anregen. Aber er kommt über eine erste Skizze nicht hinaus; sie enthält jenes vollkommene Verspaar, das so unnachahmlich das sizilianische Licht einfängt:

«Ein weißer Glanz ruht über Land und Meer,
Und duftend schwebt der Äther ohne Wolken.»

In diesem homerischen Glanz erlebt er die Tempel von Agrigent und Segesta und das Theater von Taormina.

Goethe: Italienische Küstenlandschaft im Mondschein (nach 1790)

Schon aus Rom hatte er am 8. Juni 1787 an Charlotte von Stein geschrieben: «Sage Herdern, daß ich dem Geheimnis der Pflanzenzeugung und Organisation ganz nah bin und daß es das einfachste ist, was nur gedacht werden kann. Unter diesem Himmel kann man die schönsten Beobachtungen machen. Sage ihm, daß ich den Hauptpunkt, wo der Keim steckt, ganz klar und zweifellos entdeckt habe, daß ich alles übrige auch schon im ganzen übersehe und nur noch einige Punkte bestimmter werden müssen. Die Urpflanze wird das wunderlichste Geschöpf von der Welt, über welches mich die Natur selbst beneiden soll. Mit diesem Modell und dem Schlüssel dazu, kann man alsdann noch Pflanzen ins Unendliche erfinden, die konsequent sein müssen, das heißt: die, wenn sie auch nicht existieren, doch existieren könnten und nicht etwa malerische oder dichterische Schatten und Scheine sind, sondern eine innerliche Wahrheit und Notwendigkeit haben. Dasselbe Gesetz wird sich auf alles übrige Lebendige anwenden lassen.»

Was er jetzt gefunden zu haben glaubt, angeregt von Beobachtungen im Botanischen Garten zu Padua, wird ihm im April des folgenden Jahres in Palermo zur Gewißheit: Alle Pflanzen entwickeln sich aus einer allen gemeinsam zugrundeliegenden Bauform, der «Urpflanze». In wenigen Jahren wird er erkennen, daß das Gesetz dieser Urform ebenso auf Mensch und Tier anwendbar ist:

«Alle Glieder bilden sich aus nach ewgen Gesetzen,
Und die seltenste Form bewahrt im geheimen das Urbild.»

Es ist diese Erkenntnis, die er – jetzt noch in Ansätzen – aus Sizilien mit nach Haus bringt.

Küste bei Taormina

Champagne, Rheinland, Böhmen

«Wie ich immer gefunden habe, so läßt
sich eine Badezeit mit dem Leben überhaupt vergleichen.
Man kommt als Neuling mit allerlei Hoffnungen und Forderungen
an, manches unerwartete Gute und Böse ereignet sich, und
zuletzt tritt man ungern ab, ohne gerade wieder
von vorne anfangen zu wollen.»

In den Koalitionskrieg gegen das revolutionäre Frankreich 1792 zieht Goethe als Schlachtenbummler mit, wenn auch nicht aus freien Stücken. Aber der Herzog wünscht es, und der Herzog ist nicht nur der Landesherr, sondern nimmt an diesem Feldzug in seiner Eigenschaft als preußischer General teil, er kommandiert das 6. preußische Kürassier-Regiment. Goethe interessiert sich weder für das revolutionäre Geschehen in Frankreich noch für Schlachtenglück; er beschäftigt sich zu dieser Zeit mit der Farbenlehre, und wenn er schon die Arbeit in Weimar unterbrechen muß, dann nimmt er die Materialien eben mit ins Feld.

Der Feldzug endet für die Koalition katastrophal. Der französische General Kellermann bringt den Vormarsch der preußisch-österreichischen Truppen bei Valmy zum Stehen, die ungünstige Herbstwitterung, der Hunger (denn der Nachschub ist längst zusammengebrochen) und die Seuchen tun das ihre: In wenigen Wochen besteht diese Armee nur noch aus demoralisierten Haufen, indes die Franzosen nachsetzen und die anfängliche Niederlage in einen Sieg verwandeln.

Goethes Darstellung seiner Feldzugserlebnisse, ein Vierteljahrhundert später erst aufgezeichnet, liest sich fast behaglich. Er berichtet aus großer zeitlicher Distanz und ohne sein Kriegstagebuch, das hatte er nämlich verbrannt. Obwohl er für das menschliche Elend, das ihm in den Kriegswirren allenthalben begegnet, nicht unempfänglich ist, scheint denn doch der malerische Aspekt des Geschehens ihm intensiver ins Gedächtnis gegraben: «Einige Dörfer brannten zwar vor uns auf, allein der Rauch tut in einem Kriegsbild auch nicht übel.»

Andererseits konnte er, dessen behutsame Schilderung das Krasse tunlichst meidet, die unglaublichen Fehler der Koalitions-Führung nicht anprangern, das war zur Zeit der Abfassung ganz unmöglich, aber er konnte natürlich das eine und andere vorsichtig durchblicken lassen. Auch auf sehr feine indirekte Weise. So erzählt er, er sei auf dem Rückzug in Trier einem alten Husarenoffizier begegnet: «Ob ich denn das alles auch mit ausgestanden habe? Ich konnte ihm einiges von Valmy und Hans erzählen, woraus er sich denn gar wohl das übrige nachbilden konnte. Hierauf fing er mit Enthusiasmus und warmem Anteil zu sprechen an, Worte, die ich nachzuschreiben kaum wage, des Inhalts: es sei schon unverantwortlich, daß man sie, deren Metier und Schuldigkeit es bleibe, dergleichen Zustände zu erdulden und ihr Leben dabei zuzusetzen, in solche Not geführt, die vielleicht kaum jemals erhört worden; daß aber auch ich (...) das hätte mit erdulden sollen, darüber wollt' er sich nicht zufrieden geben. (...) Er blieb bei seiner Rede, indessen ein Zivilist zu uns trat und dagegen erwiderte: man sei mir Dank schuldig, daß ich das alles mit ansehen wollen, indem man sich nun gar wohl von meiner geschickten Feder Darstellung und Aufklärung erwarten könne. Der alte Degen wollte davon auch nichts wissen und rief: Glaubt es nicht, er ist viel zu klug! Was er schreiben dürfte, mag er nicht schreiben, und was er schreiben möchte, wird er nicht schreiben.»

Er sollte recht behalten. Aber es kann, von möglichen Rücksichtnahmen ganz abgesehen, kaum in Goethes Interesse gelegen haben, ein Stück erlebte Geschichte zu beschreiben. Ihm ging es um ein Kapitel der eigenen Biographie, und nur das trieb ihn an den Schreibtisch.

Goethes Feldzugsteilnahme klang aus in einer ausgedehnten Reise, die von Trier, wo er sich von der Armee trennte, über Koblenz, Düsseldorf, Duisburg, Münster, Paderborn und Kassel nach Weimar zurückführte, mithin Gegenden streifte, die sonst nicht auf Goethes Reiseplänen standen.

Abgesehen von Italien und der Schweiz lagen seine bevorzugten Reiseziele im damals noch recht idyllischen Rhein-Main-Gebiet, vor allem aber in Böhmen, das er insgesamt siebzehnmal zwischen 1785 und 1823 aufgesucht hat. Johannes Urzidil, der in seinem Buch «Goethe in Böhmen» die gründlichste Darstellung dieses Themas geleistet hat, weist darauf hin, daß Goethe sich in Böhmen insgesamt 1114 Tage aufgehalten hat, in Italien hingegen 683: «Solche Ziffern können zwar über den Bedeutungsgehalt nichts aussagen, aber zu denken geben sie immerhin, besonders wenn man beachtet, daß drei Fünftel von Goethes gereiftem Leben bis zu seinem Ende unablässig böhmische Kontrapunkte aufweisen.»

Die böhmischen Aufenthalte – in Karlsbad, Teplitz, Franzensbad und Marienbad – dienten der Wiederherstellung oder Festigung von Goethes fast stets angegriffener Gesundheit, und sie waren seiner Physis auch stets wohltätig, um ein Goethesches Lieblingswort zu benutzen. Von den Heilquellen ließ er sich stets Sprudel nach Weimar schicken, den er fleißig trank. Aber der Gebrauch der Brunnen und Bäder wäre dem Dichter kaum so vortrefflich angeschlagen, wäre nicht eine Art Kur der Psyche hinzugekommen.

Nirgends begegnet uns Goethe so entspannt, gelöst und heiter (auch dies ein bevorzugtes Wort) wie als Kurgast. Er, der sich sonst so zurückhaltend gibt und sich so oft «vor der Welt verschließt», öffnet sich hier der Welt, genießt den Umgang mit der tonangebenden Gesellschaft, sucht und pflegt die Geselligkeit und wundert sich dann zuweilen, daß es mit der Arbeit nicht so recht fortgehen will, denn selbstverständlich arbeitet er auch hier.

Er verkehrt mit hohen Herrschaften und Fürstlichkeiten, macht die Bekanntschaft mit dem österreichischen Hochadel und befreundet sich mit der österreichischen Kaiserin Maria Ludovica. In Teplitz macht er 1812 die Bekanntschaft Beethovens, der dann etwas verdrießlich bemerkt: «Goethe behagt die Hofluft sehr, mehr als einem Dichter ziemt.»

Ohne diesen Satz hier erörtern zu wollen: Mehr noch als die Hofluft behagt dem Dichter die ihm erfreulich große Zahl junger hübscher Weiblichkeit, in seinen Briefen mit «Äugelchen» bezeichnet (in den ersten Weimarer Jahren hieß das noch «Misels»). Die Äugelchen waren ihm zwar herzerquickende, aber dennoch recht unschuldige Bekanntschaften, bis ihm dann endlich das eine begegnete, das ihm mehr sein sollte und eine schwere Krise bewirkte: Ulrike von Levetzow.

Verdun, Stadttor ▷

Am 30. August 1792 erreichte die österreichisch-preußische Armee die Festung Verdun, die nach kurzer Verteidigung schon am 2. September kapitulierte. Anders als im Ersten Weltkrieg besaß die Stadt damals keine Außenforts, sondern erlebte selbst den Artilleriebeschuß. Goethe war nur kurz in der Stadt, denn die Quartiere wurden schon am 6. September in die umliegenden Dörfer verlegt. Immerhin aber verstand er die Spezialitäten Verduns zu nutzen: «Wir besuchten (...) die namentlich gerühmten Läden, wo der beste Liqueur aller Art zu haben war. Wir probierten ihn durch und versorgten uns mit mancherlei Sorten (...) Auch die Dragéen, überzuckerte kleine Gewürzkörner, in saubern zylindrischen Deuten, wurden nicht abgewiesen. Bei so vielem Guten gedachte man nun der lieben Zurückgelassenen, denen dergleichen am friedlichen Ufer der Ilm gar wohl behagen möchte. Kistchen wurden gepackt; gefällige wohlwollende Kuriere, das bisherige Kriegsglück in Deutschland zu melden beauftragt, waren geneigt, sich mit einigem Gepäck dieser Art zu belasten, wodurch sich denn die Freundinnen zu Hause in höchster Beruhigung überzeugen mochten, daß wir in einem Lande wallfahrteten, wo Geist und Süßigkeit niemals ausgehen dürfen.» Am 9./10. Oktober war er wieder hier: Die Armee befand sich auf dem Rückzug.

Zwei Tage vor der Schlacht bei Valmy erreichte die Armee der Alliierten die « verrufene Champagne », wie Goethe sie charakterisierte : « Wir betraten beim schlimmsten Wetter ein seltsames Land, dessen undankbarer Kalkboden nur kümmerlich ausgestreute Ortschaften ernähren konnte. (...) Der Weg war das kleine Wasser, die Tourbe, hinauf vorgezeichnet, durch das traurigste Tal von der Welt, zwischen niedrigen Hügeln, ohne Baum und Busch ... » Die unter Verpflegungsmangel empfindlich leidende Armee war schon durch Hunger und Witterungsunbilden demoralisiert, ehe es überhaupt zur ersten Schlacht kam ; die Tristesse der Landschaft vergrößerte nur noch die allgemeine Mutlosigkeit.

Champagne, Tal der Tourbe

Heidelberg

Das Jahr 1814 gehört zu den glücklichsten in Goethes Leben. Die Napoleonischen Kriege sind vorüber, die Zeit des Friedens und des sich Einrichtens in wieder geordnete und stabilisierte Verhältnisse beginnt. Seit einiger Zeit beschäftigt sich Goethe mit der Welt des Orients, vor allem mit der persischen Dichtung. Erste Frucht dieser Auseinandersetzung sind Gedichte, die im Wagen auf der Reise von Weimar nach Wiesbaden Ende Juli entstehen und das Fundament zur fünf Jahre später veröffentlichten Gedichtsammlung «West-östlicher Divan» bilden.

Daß sie nicht einzig Spiel mit fremden Formen und Inhalten werden, verdankt der Dichter der dreißigjährigen Marianne von Willemer, der Frau des Frankfurter Bankiers Jakob von Willemer, die er auf dieser Reise kennenlernt und – Gast in ihrem Hause, vor allem in der vor den Toren Frankfurts gelegenen Gerbermühle, ihrem Landhaus – zu lieben beginnt. Seine Liebe wird erwidert, mehr noch: die junge, reich begabte Frau wird Teil des sublimen orientalischen Maskenspiels unter dem Namen Suleika, aber nicht nur als Figur, sondern als Individuum. Denn sie erwidert die an sie gerichteten Verse mit eigenen, die Aufnahme finden in den «Divan»; erst später wird offenbar, daß Gedichte, die zu den schönsten des alternden Dichters zählen, sie zur Autorin haben.

Die Reise von 1814 aber gilt nicht nur ihr. In Heidelberg besichtigt Goethe die kostbare Sammlung altdeutscher Malerei, die das Kölner Brüderpaar Boisserée hier zusammengetragen hat (heute ein Herzstück der Alten Pinakothek in München) und die ihm, nach anfänglichem Widerstreben, einen völlig neuen Kunstbereich erschließt. Der Aufenthalt in Heidelberg steht im Zeichen nicht endenwollender Ovationen und Bankette, die man dem berühmten Dichter gibt; besucht er die Ruine des Heidelberger Schlosses, sind Scharen von Bewunderern im Gebüsch verborgen, um einen Blick auf den Gefeierten zu tun.

Euch grüß ich weite, lichtumfloßne Räume,
Dich alten reichbekränzten Fürstenbau,
Euch grüß ich hohe, dichtumlaubte Bäume,
Und über euch des Himmels tiefes Blau.

Wohin den Blick das Auge forschend wendet
In diesem blütenreichen Friedensraum,
Wird mir ein leiser Liebesgruß gesendet
Aus meines Lebens freudevollstem Traum.

An der Terrasse hohem Berggeländer
War eine Zeit sein Kommen und sein Gehn,
Die Zeichen, treuer Neigung Unterpfänder,
Sie sucht ich, und ich kann sie nicht erspähn.

Dort jenes Baumsblatt, das aus fernem Osten
Dem *westöstlichen* Garten anvertraut,
Gibt mir geheimnisvollen Sinn zu kosten
Woran sich fromm die Liebende erbaut.

Durch jene Halle trat der hohe Norden
Bedrohlich unserm friedlichen Geschick;
Die rauhe Nähe kriegerischer Horden
Betrog uns um den flüchtigen Augenblick.

Dem kühlen Brunnen, wo die klare Quelle
Um grünbekränzte Marmorstufen rauscht,
Entquillt nicht leiser, rascher, Well auf Welle,
Als Blick um Blick, und Wort um Wort sich tauscht.

O! schließt euch nun ihr müden Augenlider.
Im Dämmerlichte jener schönen Zeit
Umtönen mich des Freundes hohe Lieder,
Zur Gegenwart wird die Vergangenheit.

Aus Sonnenstrahlen webt ihr Abendlüfte
Ein goldnes Netz um diesen Zauberort,
Berauscht mich, nehmt mich hin ihr Blumendüfte,
Gebannt durch eure Macht kann ich nicht fort.

Schließt euch um mich ihr unsichtbaren Schranken
Im Zauberkreis der magisch mich umgibt,
Versenkt euch willig Sinne und Gedanken,
Hier war ich glücklich, liebend und geliebt.

Gedicht Marianne von Willemers
aus der «Divan»-Zeit (1824)

Wo man mir Guts erzeigt überall,
's ist eine Flasche Eilfer,
Am Rhein, am Main und Necker
Man bringt lächelnd Eilfer.
Hört man doch auch wohltätige Namen
Wiederholt wie Eilfer,
Friedrich den Zweiten zum Beispiel
Als beherrschenden Eilfer,
Kant wird noch immer genannt
Als anregender Eilfer.
Mehrere Namen in der Stille
Nenn ich beim Eilfer.
Von meinen Liedern sprechen sie auch
Rühmlich froh wie beim Eilfer,
Trinken auf mein Wohl klingend mit mir,
Alles im reinsten Eilfer.
Dies würde mich mehr freuen,
Mehr als der Eilfer,
Tränke nur Hafis auch der Würdige.
Trink den Eilfer!
Eilig steig ich zum Hades hinab,
Wo vom Eilfer
Nüchterne Seelen nicht trinken,
Sage den Eilfer.

Aus einem Gedicht der « Divan »-Zeit

Vom 1. bis 8. September wohnt Goethe auf dem Brentanoschen Landgut in Winkel; die enger werdende Beziehung zu Marianne von Willemer läßt eine zeitweise Trennung ratsam erscheinen. Antonie Brentano berichtet: « Jeden Morgen zog er da seinen weißen flanellenen Schlafrock an, legte die Hände auf den Rücken und wanderte den langen Bogengang, der fast bis an den Rhein reichte, auf und ab. Während diesem Gange war er nicht gerne gestört und gab kaum Antwort, wenn er gefragt wurde. Zu Tische zog er sich dann immer sehr sorgfältig an und war dann ganz herablassend. Er schöpfte sich immer seinen Teller schrecklich voll Speisen, die er aber meistens immer liegen ließ, ohne sie zu genießen, was mir als Hausfrau immer das unbehagliche Gefühl hervorrief, als sei ihm nichts gut genug zubereitet. Von unsrem guten Rheinweine konnte er aber ganz fürchterlich viel trinken, besonders von dem Elfer, und mein Mann machte ihm oft eine große Freude mit dem Geschenk eines Fäßchens Wein. » Der Elfer (oder wie Goethe sagt « Eilfer »), nämlich der Wein des Jahrgangs 1811, auch « Kometenwein » genannt, war ein sogenannter Jahrhundertwein, den z. B. der von Goethe verabscheute E. T. A. Hoffmann in Berlin ebenso zu schätzen wußte. Goethe bedichtet den guten Tropfen sogar im « Divan » (« Wo man mir Guts erzeigt überall »), und zwar im Jahr darauf, als er ein zweites Mal gen Süden aufbricht und Marianne wiedersieht. Er liest ihr viel aus dem entstehenden « Divan » vor und läßt sich von ihr vorsingen. « Die kleine Frau schmückte sich mit ihrem Turban und orientalischen farbigen Shawl, den Goethe ihr geschenkt », berichtet Sulpiz Boisserée am 17. September 1815. « Es wurde viel gelesen, auch viel Liebesgedichte an Suleika, Jussuph und Suleika », erzählt er arglos, denn er weiß ja nicht, wem diese Gedichte gelten. Ehemann Willemer sei dabei eingeschlafen ...

Noch einmal will Goethe Marianne wiedersehen, im Sommer 1816. Aber der Wagen verunglückt gleich hinter Weimar, und Goethe sieht in diesem Unfall einen Fingerzeig des Schicksals. Es sollte nicht sein. Goethe und Marianne von Willemer sind im Briefwechsel geblieben, begegnet sind sie sich nicht mehr.

Winkel am Rhein,
Brentano-Gut

Während seines Karlsbader Aufenthalts 1806 lernt Goethe Amalie von Levetzow kennen, die Tochter eines Freiherrn von Brösigke, den Goethe aus seiner Leipziger Zeit kannte. Vier Jahre später begegnet er der jetzt Dreiundzwanzigjährigen wieder. Bei ihr sind die drei kleinen Töchter, darunter die sechs Jahre alte Ulrike. Als Siebzehnjährige sieht er sie 1821 in Karlsbad wieder und bleibt nicht unberührt, wie aus Briefen an seinen Sohn hervorgeht. Auch im Jahr darauf ist er wieder mit ihr zusammen, unterweist sie in Mineralogie und versüßt den Unterricht des unbedarften Mädchens mit Wiener Schokoladenplätzchen und harmlosen Verschen. Der Mutter gesteht er: «Für Ulrike habe ich eine große und väterliche Liebe und würde sie ganz nach meinem Sinne ausbilden.»

Als er dann 1823 zum drittenmal mit den Levetzows in Marienbad zusammentrifft, ist die Liebe selbst für Außenstehende wohl kaum noch «väterlich» zu nennen. Der 74jährige besucht mit ihr Bälle und tanzt wie ein junger Mann (erst vor wenigen Monaten noch hatte ihn ein drohendes Herzversagen dem Tode nahegebracht), und die Affäre wird öffentlich. Selbst Staatsminister Metternich wird von der allmächtigen und allwissenden Geheimpolizei darüber informiert.

Schließlich bittet Goethe Ulrikes Mutter schriftlich um die Hand der Tochter, unterstützt wird der Antrag – auf Goethes Wunsch – durch einen Besuch des Freundes und Landesherrn Carl August (der sich seit dem Wiener Kongreß Großherzog nennen darf), der nun seinerseits offiziell als Brautwerber mit verlockenden finanziellen Zusagen aufwartet. Amalie von Levetzow taktiert hinhaltend, denn sie sieht die Schwierigkeiten einer solchen Ehe (bei einem Altersunterschied von 55 Jahren) voraus, auch die Schwierigkeiten mit Goethes Familie.

Den 28. August, seinen Geburtstag, feiert Goethe mit den Levetzows in Elbogen, ohne daß dabei der Werbung mit nur einem Wort gedacht würde, und auch das ist eine klare Antwort. Am 5. September nehmen sie voneinander Abschied, sie sehen sich nicht mehr wieder, auch wenn ein Wiedersehen geplant ist.

Es war Goethes letzte Liebe. Ulrike selbst aber beteuerte später – und sie starb erst 1899, unverheiratet, im Alter von 95 Jahren als Stiftsdame: «Keine Liebschaft war es nicht.» Auch gab sie vor, die Werbung selbst abgelehnt zu haben, weil sie damals der Ansicht gewesen sei, Goethe bedürfe ihrer nicht.

Obwohl noch weiterhin Briefe zwischen Goethe und den Levetzows gewechselt wurden: Den eigentlichen Abschied nahm der Vierundsiebzigjährige auf der Rückreise nach Weimar, wo er noch im Reisewagen die «Marienbader Elegie» niederschrieb, sein letztes großes Gedicht, eines seiner bedeutendsten Gedichte überhaupt. Die Handschrift auf kostbarem Papier ließ er in rotes Maroquin binden und zeigte sie in feierlichen Augenblicken nur wenigen Vertrauten. Gedruckt erschien sie 1827 in der «Ausgabe letzter Hand».

Hassenstein, Schloßruine

Bei einem Aufenthalt auf Schloß Eisenberg bei Brüx, einem Schloß des Fürsten Lobkowitz, vom 8. bis 12. September 1810, unternahmen die Gäste des Fürsten – neben Goethe waren es u. a. der Publizist Friedrich von Gentz und der Bariton der Wiener Oper Antonio Brizzi – einen Ausflug zur Ruine Hassenstein, dem Stammschloß der Familie Lobkowitz. Leopold Max Graf Firmian ließ hier in der Ruine den Gästen ein Frühstück servieren. An diesen Ausflug erinnerte sich Goethe noch 1831, denn er vermerkte unter dem 31. Januar in seinem Tagebuch: «... wo ich in dessen Ruinen in der besten Gesellschaft von Eisenberg aus die köstlichsten Stunden zugebracht».

Ossegg, Klosterkirche

«In dem Hauptgebäude von Kloster Ossegg, wohin schon seit vielen Jahren kein Tüncher- und Malerpinsel gelangt, scheint nun auch die Scheuermagd mit Tode abgegangen zu sein. Mir wenigstens kam es vor, als wenn sich das traurige und schmutzige Ansehen desselben vermehrt hätte. Die Kirche sieht schon besser aus, und ein neuer Gärtner hält den Garten in der schönsten Ordnung», schreibt Goethe 1813 in seinem Aufsatz «Aus Teplitz». Der Dichter hatte das Zisterzienserstift Ossegg erstmals am 25. August 1810 besucht, begleitet von Marianne von Eybenberg, Sarah von Grotthus und seinem Sekretär Friedrich Wilhelm Riemer, und war dort von der Geistlichkeit «höchst ehrenvoll», so Johannes Urzidil, empfangen worden. Urdizil vermutet, daß Goethes verschiedene Aufenthalte in Böhmen und gerade auch in Ossegg Neigungen des Dichters zum Katholizismus begünstigt haben könnten.

Schloß Schönhof bei Karlsbad

Am 4. und 5. August 1810 war Goethe, der – gemeinsam mit Riemer – von Karlsbad nach Teplitz reiste, Gast des Grafen Johann Rudolf Czernin von Chudenitz auf Schloß Schönhof, dessen von Alexander von Humboldt so gerühmten Park Goethe kennenzulernen wünschte. Der damals vierzehnjährige Sohn des Hausherrn fand, der berühmte Gast habe « etwas Mißtrauisches und Stolzes in seiner Physiognomie ». Wie stets bei seinen böhmischen Aufenthalten galt Goethes Interesse auch hier wieder besonders seinen mineralogischen Studien, und der sich als Fremdenführer fühlende Sohn des Grafen konnte seinem Tagebuch anvertrauen: « Über eine Mauer voller großer lavaartiger Steine wurde Goethe sehr verwundert. »

Elbogen

«Schöne Lage von Elbogen, dessen Schloß über die Landhöhe wegsieht», vermerkt Goethes Tagebuch am 15. Mai 1808. Und am 21. Juni findet sich die Notiz: «Nach Tische mit Ziegesars und Frau von Seckendorf nach Elbogen. Schöner Tag und höchst interessante Gegend.» Man feierte dort an diesem Tage den Geburtstag der anmutigen Silvie von Ziegesar, die mit ihren 23 Jahren vom Dichter viel umschwärmt und bedichtet wurde. Goethe hat Elbogen in Böhmen, das er «über alle Beschreibung schön» fand, nicht nur mehrfach besucht, sondern auch allein viermal gezeichnet. Der letzte Aufenthalt hier war am 28. August 1823, wo er den eigenen Geburtstag mit der Familie Levetzow beging und der ganz unter dem Zeichen Ulrike von Levetzows stand, seiner letzten Liebe und ihrer Entsagung.

Goethes böhmische Aufenthalte beschränkten sich keineswegs auf die Badeorte. Da er dort immer für mehrere Wochen blieb, fand sich natürlich auch genügend Zeit für Ausflüge in die Umgebung, die Goethe – abgesehen von der Geselligkeit – vor allem zu seinen geliebten mineralogischen Studien nutzte, wovon mehrere seiner Aufsätze zeugen. Diese Exkursionen kamen aber auch seiner Dichtung zugute. So darf es inzwischen als ausgemacht gelten, daß die nordwestböhmische Landschaft inspirierend gewirkt hat für das Alterswerk « Novelle » (man vermutet die Gegend um die Ruine Hassenstein oder den Teplitzer Schloßberg als mögliches Modell). Auch «Wilhelm Meisters Wanderjahre» sind hier angeregt und Teile davon hier auch geschrieben worden. Zur Frage nach dieser Wechselwirkung sagte er 1827: « Ich habe niemals die Natur poetischer Zwecke wegen betrachtet. Aber weil mein früheres Landschaftszeichnen und dann mein späteres Naturforschen mich zu einem beständigen genauen Ansehen der natürlichen Gegenstände trieb, so habe ich die Natur bis in ihre kleinsten Details nach und nach auswendig gelernt, dergestalt daß, wenn ich als Poet etwas brauche, es mir zu Gebote steht und ich nicht leicht gegen die Wahrheit fehle. »

In Böhmen niedergeschrieben wurden auch weite Teile von « Dichtung und Wahrheit » und der «Wahlverwandtschaften». Und während er sonst ein noch in der Entstehung begriffenes Werk sorgsam vor seiner Umwelt abschirmt und nicht darüber redet, bespricht er sich über die Entwicklung der «Wahlverwandtschaften» ausführlich mit seiner Freundin Marianne von Eybenberg während seines Karlsbader Aufenthalts 1808, so daß er ihr nach Veröffentlichung des Romans schreiben kann: « Gedenken Sie meiner unter dem Lesen, gedenken Sie der guten Tage, in welchen dieses Werkchen größtenteils in Ihrer Nähe entstand. »

Als er 1823 zum letztenmal in Böhmen war, hatte sich vieles gegenüber dem ersten Aufenthalt von 1785 geändert. Zum einen hatte die Epoche selbst eine mächtige Wandlung erfahren: Französische Revolution, Napoleon-Zeit, Befreiungskriege, Demagogenverfolgung und beginnendes Biedermeier sind einige Stichwörter. Zum andern waren – sehen wir einmal ab von den Veränderungen in Goethes Leben und Werken – die meisten der alten Freunde aus böhmischen Aufenthalten schon gestorben: Der weltkluge Fürst de Ligne etwa (Goethe: « Der froheste Mann des Jahrhunderts »), Marianne von Eybenberg oder Kaiserin Maria Ludovica. Die Badeorte hatten sich vergrößert, Marienbad als Neugründung war hinzugekommen. Aber dennoch war eine Kontinuität immer gewahrt geblieben, die Kinder waren an die Stelle der Eltern getreten oder spielten neben den Eltern nun schon ihren eigenen Part, wie etwa bei den Levetzows.

Der Aufenthalt von 1823 war der letzte. Und wiewohl weitere durchaus beabsichtigt waren: Es « wollte sich nicht fügen », wie Goethe sagte. In den Dornburger Wochen 1828 geht ein Brief nach Eger, in dem es heißt: «Jederzeit, wenn die Jahreszeit herannaht, die ich sonst so vergnüglich und nützlich in Böhmen zubrachte, fühl ich eine mächtige Sehnsucht dorthin ...» Und ein Jahr später spricht er aus: «Wie sehr ich meine jährlichen Besuche und das Wiedersehen so mancher wackeren Personen in Böhmen vermisse, wag ich nicht auszusprechen.»

Weimar

O Weimar! dir fiel ein besonder Los!
Wie Bethlehem in Juda, klein und groß.
Bald wegen Geist und Witz beruft dich weit
Europens Mund, bald wegen Albernheit.
Der stille Weise schaut und sieht geschwind,
Wie zwei Extreme nah verschwistert sind.

Am 15. September 1823 fand zwischen Goethe und Eckermann ein Gespräch statt, das für den jungen Mann aus der Heide sein Leben verändern sollte: Goethe wünschte, er solle sich ganz in Weimar niederlassen, und der Dichter, soeben von seinem letzten Aufenthalt in Böhmen zurückgekehrt und die Marienbader Elegie im Gepäck, pries ihm die Wahlheimat: «Wo finden Sie auf einem so engen Fleck noch so viel Gutes! Auch besitzen wir eine ausgesuchte Bibliothek und ein Theater, was den besten anderer deutschen Städte in den Hauptsachen keineswegs nachsteht. Ich wiederhole daher: bleiben Sie bei uns, und nicht bloß diesen Winter, wählen Sie Weimar zu Ihrem Wohnort. Es gehen von dort die Tore und Straßen nach allen Enden der Welt. Im Sommer machen Sie Reisen und sehen nach und nach, was Sie zu sehen wünschen. Ich bin seit fünfzig Jahren dort, und wo bin ich nicht überall gewesen! – Aber ich bin immer gerne nach Weimar zurückgekehrt.»

Acht Tage später hörte Kanzler von Müller ein sehr anderes Urteil über Weimar aus Goethes Mund: «Überhaupt geschähen hier so viele Albernheiten, daß er sich bloß durch persönliche Würde im Auslande vor beleidigender Nachfrage schützen könne, daß er sich aber schäme, aus Weimar zu sein, und gern wegzöge, wenn er nur wisse wohin? Dieser sein Unmut, sich nach dem heitern Aufenthalt in Marienbad wieder hier eingeengt zu befinden, machte sich den ganzen Abend vielfach bemerkbar.» Schon 1816 hatte eine Zeitung gemeldet, Goethe beabsichtige, Weimar zu verlassen und seinen Lebensabend in Frankfurt zu verbringen. Auch der Dichter und Übersetzer Johann Diederich Gries notierte nach einem Besuch bei Goethe am 22. Juli 1816, «daß er das Drückende seiner Lage in Weimar und am Hofe mehr als jemals empfindet und auch wohl gegen Knebel den

Wunsch nach einer Veränderung geäußert hat».

Goethes Urteile über Weimar sind widersprüchlich, und das kann auch kaum anders sein, wenn man über fünfzig Jahre am gleichen Ort lebt. Eckermann, der Goethes Angebot annahm und bis zu seinem Tode 1854 in Weimar blieb, hat sich nach Goethes Tod oft fortgewünscht; aber seine Situation erlaubte ihm nicht, auf weiten Reisen sich von Weimars Enge zu erholen. Goethe selbst brauchte nicht einmal weit zu reisen, wenn er Weimars überdrüssig war: Er konnte sich auf die Dornburger Schlösser zurückziehen, nach Stützerbach oder nach Jena, wo er eine kleine Wohnung besaß. So konnte Charlotte von Schiller 1798 aus Jena schreiben: «Goethe ist auch hier viel anders; es ist recht eigen, welchen Eindruck der Ort auf ihn macht, in Weimar ist er gleich steif und zurückgezogen; hätte ich ihn hier nicht kennen lernen, so wäre mir viel von ihm entgangen und gar nicht klar geworden.» Auch Goethes Lobpreis auf Weimar bekam Eckermann in Jena zu hören.

Aber Caroline Herder meinte 1801: «Es möchte ohne ihn nicht gut in Weimar werden. Er ist doch immer der, der Schranken setzt, wenn es zu bunt werden will!» Drei Jahre später schrieb Heinrich Voß: «Wenn Du wüßtest, (...) welche Ehrfurcht und Liebe dieser Mann in Weimar durch sein bloßes Dasein verbreitet ...»

Ganz so schön und edel war es freilich nicht. Natürlich galt Goethe in Weimar als Respektsperson (und Fremdenattraktion): Er hatte Ämter in der Regierung inne, er leitete das Hoftheater, er war der Freund des Herzogs und vor allem schließlich ein weltberühmter Mann. Aber es gab mit ihm auch Schwierigkeiten. Der Magistrat hatte genug zu seufzen über Goethes zahlreiche Beschwerden. Da ärgerte er sich über Kinder, da belästigte ihn der Lärm einer Kegelbahn, da rumpelten Webstühle zu laut in seiner Nähe, da hatte er Streit mit einer widerspenstigen Köchin. Die Bürger nahmen Anstoß an dem für sie skandalösen Verhältnis zu der Demoiselle Vulpius, die seit 1788 ohne Trauschein mit dem Dichter zusammenlebte und ihm Kinder gebar. Was man dem Herzog nachzusehen bereit war – ein Fürst durfte sich schließlich Maîtressen gönnen –: dem Minister verzieh man es nicht und am wenigsten dem Dichter.

Es lohnt nicht, hier alle Hecheleien zu wiederholen, die der armen Christiane galten. Goethe führt eine Liaison unter seinem Niveau, darauf lief es hinaus bei der Weimarer Gesellschaft. Und auch als 1806 aus «der Vulpius» die «Geheimbderäthin» geworden war und damit der Legalisierung des Lebensbundes nach achtzehn Jahren auch

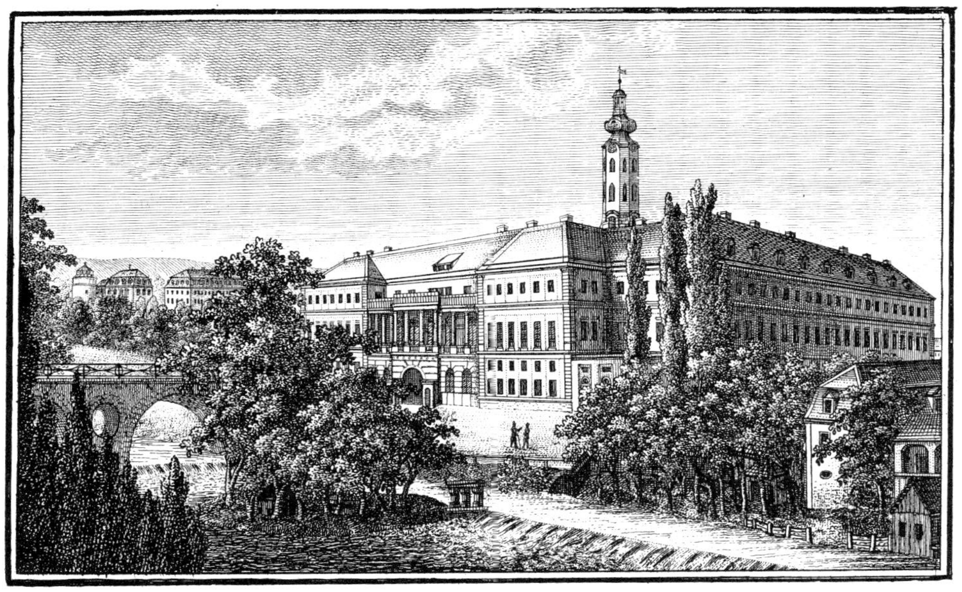

Weimar: Schloß

Weimar: Bibliothek

Schloß Tiefurt bei Weimar

kirchlich Genüge geschehen war, blieb Goethes Frau die Zielscheibe wohlfeilen Spotts. Und als der sich endlich ein wenig gegeben hatte, bekam Weimar wieder zu klatschen, denn 1811 gerieten sich in einer Kunstausstellung Bettina von Arnim – zu Gast bei Goethe – und Christiane fürchterlich und lautstark in die Haare. Bettina bekam daraufhin von Goethe Hausverbot und erzählte überall in Weimar, «es wäre eine Blutwurst toll geworden und hätte sie gebissen». Und schadenfroh setzt Marie von Kügelgen, die dies berichtet, hinzu: «Und wirklich soll die Goethe keinem Ding so ähnlich sehen als einer Blutwurst.»

Es gab auch andere Unzuträglichkeiten. Der Herbst 1808 brachte den Fürstenkongreß nach Erfurt und mit ihm Festlichkeiten in Weimar. Die Bürger, denen das grausame Wüten der Franzosen erst zwei Jahre zuvor noch frisch im Gedächtnis war, erlebten einen Napoleon, der Goethe mit dem Gespräch und dem Kreuz der Ehrenlegion auszeichnete. Das war gewiß eine Ehre und politisch so übel nicht, daß aber Goethe, «seitdem ihm Napoleon das Schandkreuz der Ehrenlegion ins Knopfloch gehenkt hat, sich beträgt, wie es einem solchen Legionär ziemt», das eben fand Anstoß, und daß Seine Exzellenz seither von Napoleon nur noch als von «mein Kaiser» zu sprechen pflegte und Einwände mit «Laßt mir meinen Kaiser in Ruh!» niederdonnerte, gefiel nicht jedermann. Nicht einmal 1813 mochte sich der Dichter für die patriotische «Befreiung» begeistern, ja er empfing die ihm zugedachte alliierte Einquartierung nach der Schlacht bei Leipzig sogar mit dem Ehrenlegionskreuz am Frack, was damals beinahe zu einem heftigen Eklat geführt hätte.

Der Herbst 1808 hatte aber nicht nur Ehre, sondern auch Ärger gebracht. Caroline Jagemann, die Geliebte des Herzogs, mischte sich in immer ungenierter werdender Weise in die Belange des Hoftheaters ein, dessen Leitung Goethe am 17. Januar 1791 übertragen worden war. Goethe hatte seither aus der Bühne eine ganz respektable moralische Anstalt gemacht, vor allem hatte er sich die gründliche Ausbildung der Schauspieler, besonders ihre Sprachschulung, angelegen sein lassen. Als nun die Jagemann hinter den Kulissen wirksam

Weimar: Schillers Haus

Weimar: Wielands Haus

wurde und ihre Wünsche über den Herzog laut werden ließ, drohte Goethe zu demissionieren. Wochenlang zogen sich die Querelen hin, die Weimar Gesprächsstoff lieferten, Goethe aber das Leben sauer machten. Zum Bruch kam es dann 1817, als die Jagemann durchsetzte, daß ein Hundedresseur seinen weißen Pudel auf die Bühne bringen durfte (mit des Herzogs Machtwort gegen seinen Freund). Diesmal reagierte der sonst nicht eben entscheidungsfrohe Goethe blitzschnell: Er legte die Direktion binnen Stunden nieder und zog sich grollend für einige Zeit nach Jena zurück.

Goethe in Weimar: Charlotte Kestner («Werthers Lotte»), die ihn 1816 wiedersah – seit Wetzlar waren 44 Jahre vergangen – schrieb an ihren Sohn: «Ich habe eine neue Bekanntschaft von einem alten Mann gemacht, welcher, wenn ich nicht wüßte, daß er Goethe wäre, und auch dennoch, hat er keinen angenehmen Eindruck auf mich gemacht.» Clara, Charlottes Tochter, war in ihrem Urteil noch strenger: «Leider aber waren alle Gespräche, die er führte, so gewöhnlich, so oberflächlich, daß es eine Anmaßung für mich sein würde zu sagen, ich hörte ihn sprechen oder ich sprach ihn, denn aus seinem Innern oder auch nur aus seinem Geiste kam nichts von dem, was er sagte. (...) Seine Zimmer sind düster und ungewöhnlich eingerichtet, hier und da stehen Vasen, und die Wände sind mit Zeichnungen dekoriert ...» Über seine Frau – Christiane war vor wenigen Monaten gestorben – hätten sie «abscheuliche Dinge» gehört, «mit denen ich mein Papier nicht beflecken werde; gottlob, daß sie tot ist».

Nein, von der stürmischen ersten Weimarer Zeit war nichts mehr geblieben, es wären denn

Weimar: Goethehaus

«abscheuliche Dinge», die man sich erzählte. Goethe wußte das, aber er sah – gelegentliche Ausbrüche seines Unmuts ausgenommen – darüber hinweg. Er hatte schon 1776 an Charlotte von Stein geschrieben: «Unter allem, was mir auf Erden schädlich und tödlich sein könnte, ist Ärgernis das letzte.»

«Nun, wie gefällt es Ihnen in Weimar?» fragte er 1828 einen Besucher. «Nicht wahr, es steckt viel Bildung in dem Ort? Wir haben denn auch wohl das Unsre dazu getan.»

Weimar, Goethehaus am Frauenplan

Fünfzig Jahre lang hat Goethe dieses Haus bewohnt, wenn auch mit einigen Unterbrechungen. Nachdem das Gartenhaus an der Ilm zu klein geworden war für die ständig wachsenden Sammlungen seines Besitzers, hatte Goethe einen Teil des Hauses am Frauenplan zunächst als Mieter bezogen, von 1782 bis 1789. «In meinem neuen Hause breite ich mich aus, und alles kommt in die schönste Ordnung», schrieb er damals an den Herzog. «Wie viel mir die neue Einrichtung an Arbeit erleichtert, ist kaum zu sagen, ich kann in eben der Zeit mit gleicher Mühe noch einmal so viel tun.» Nach einem Zwischenaufenthalt in einer anderen Stadtwohnung machte der Herzog ihm 1792 das Haus zum Geschenk. Zwei Jahre lang ließ der neue Besitzer den Barockbau gründlich um- und ausbauen, wobei das Mansardgeschoß eine Einliegerwohnung, wie man heute sagt, bekam, die zunächst Goethes Kunstberater Meyer («Kunscht-Meyer») von 1792 bis 1802, anschließend Goethes Sekretär Riemer (bis 1812) bezog. Nach der Heirat von August Goethe wurde diese Wohnung für den Sohn und dessen Familie auf acht Zimmer vergrößert. Das schwere Bombardement Weimars am 9.2.1945 verschonte auch das Haus am Frauenplan nicht; erhebliche Schäden entstanden im Mansardgeschoß und im Urbinozimmer, die aber sorgfältig restauriert werden konnten.

Garten auf der Rückseite des Hauses am Frauenplan

Goethe hat Gärten sehr geliebt und sich viel mit Gartenarchitektur beschäftigt, wovon die Umgestaltung des Parks an der Ilm, wo sein Gartenhaus lag, das bedeutendste Zeugnis ist. Aber so viel er auch in den «unteren Garten», wie er sein Gartenhaus nannte, investierte, ihn bepflanzte und umgestaltete: Der «Hausgarten», nämlich der kleine Garten auf der Rückseite seines Hauses am Frauenplan, trat demgegenüber doch zurück. Er war die eigentliche Domäne seiner Freundin und späteren Ehefrau Christiane. Hier hatte er einen kleinen Pavillon errichten lassen, in dem seine Fossilien- und Petrefaktensammlung aufbewahrt wurde, und hier veranstaltete er auch mit Eckermann am 1. Mai 1825 das Schießen mit einem Bogen, «wie er im Jahre 1814 von einem Baschkirenhäuptling mir verehrt wurde». Zur Pflege des Hausgartens wie des «unteren Gartens» verschrieb er sich Gärtner der herzoglichen Verwaltung, die regelmäßig für die Instandhaltung zu sorgen hatten, der ein genaues Arbeitsprogramm zugrunde lag; das letzte datiert vom Februar 1832, einen Monat vor seinem Tode. Der Garten am Frauenplan bewahrt noch heute seine ursprüngliche, ihm von Goethe gegebene Anlage.

Für den eiligen Massentouristen von heute sind Goethes Reisen wenig imponierend. Von Krakau in Polen bis Valmy in Frankreich, von Berlin bis Sizilien – die äußersten Punkte der Himmelsrichtungen zu bezeichnen – nach Süddeutschland und Böhmen: Was bedeutet das schon Zeitgenossen, die nur wenige Flugstunden von anderen Kontinenten entfernt leben? Einer der emsigen Goethe-Forscher hat minuziös ausgerechnet, daß Goethe zwischen 1765 und 1823 auf 182 Reisen insgesamt 37 765 Kilometer zurückgelegt hat. Das ist eine Strecke, die ein Autofahrer heute oft in weniger als zwei Jahren zurücklegt. Zweimal ist Goethe nach Italien gefahren, dreimal in die Schweiz, siebzehnmal nach Böhmen, zweimal nach Wiesbaden, dreimal in den Harz. London, Paris und Wien hat er nie gesehen.

Freilich: Die Umstände des Reisens waren damals von den unseren sehr verschieden. Viele Strecken hat Goethe zu Fuß bewältigt (er nannte sich selbst gern «den Wanderer», und dieses Wort ist in manchen Gedichttitel und in den «Wilhelm Meister» eingegangen), noch mehr zu Pferde, die größten aber zumeist im eigenen Wagen. Herzog Carl August, der bei seinem Freund nicht mit Geschenken knauserte, schenkte ihm 1792 den ersten eigenen Wagen, eine zweisitzige Halbchaise für 117 Taler. Um des besseren Komforts willen erstand der Dichter dazu 1798 eine große und bequeme zweispännige Equipage und schließlich noch eine leichte Droschke für Fahrten im Weimarer Stadtbereich und in der näheren Umgebung. Bis 1799 stellte der herzogliche Marstall ihm die Pferde, dann kaufte sich Goethe ein eigenes

Goethes Reisewagen

Gespann, jährlich von der Kammer mit 175 Talern bezuschußt.

Die Reisestrapazen aber konnte ihm keine Kammer abnehmen. Mit der Post legte man damals pro Tag 70 bis 80 Kilometer zurück, mit Extrapost oder eigenem Wagen ließ sich die Tagesleistung auf 100 bis 110 Kilometer erhöhen. Aber auch die komfortabelste Equipage konnte die vielen Aufenthalte an den Zollstationen der Staatsgrenzen mit oft ausgiebiger «Visitation» nicht verhindern, noch weniger die knochenschüttelnde Rüttelei auf den miserablen Straßen, fast immer ohne Pflasterung, dafür reich an Schlaglöchern und bei Regen grundlos. Keine Wagenheizung half gegen kühle Witterung. Achsbrüche blieben bei der enormen Belastung nicht aus, und kam es besonders arg, dann konnte der Wagen auch «umgeschmissen» werden. Mancher Reisende hat damals dabei sein Leben verloren, durch herabstürzendes Gepäck tödlich verletzt, andere wurden bei solchen Unfällen übel zugerichtet. So erging es dem armen «Kunscht-Meyer» am 20. Juli 1816. An diesem Tage wollte Goethe mit Meyer nach Süddeutschland, aber der Wagen wurde schon kurz hinter Weimar umgeschmissen. Goethe blieb unversehrt, sein Begleiter aber erlitt eine böse Kopfverletzung, die zur Umkehr nötigte. Goethe nahm diesen Unfall für einen Fingerzeig des Schicksals: Die Reise sollte nicht sein. Er ist nie mehr nach Süddeutschland gefahren, nur noch – von der nächsten Umgebung abgesehen – nach Böhmen. Die Mühsal und die Langsamkeit des damaligen Reisens würde heute kein Zeitgenosse mehr auf sich nehmen, den Ärger mit betrunkenen Kutschern auch nicht.

Aber eines hatten Goethes Zeitgenossen und erst recht der augenfrohe Dichter uns voraus: Sie sahen mehr und genauer, vor allem: nicht mit einem Kameraobjektiv vor Augen. Reisen waren ein Abenteuer, aber eines, von dem man mit ungleich reicherer (und bereichernder) Ausbeute wieder nach Hause kam.

Am 6. Mai 1774 brannte das Weimarer Residenzschloß, die Wilhelmsburg, bis auf die Grundmauern nieder. Einzig der Turm blieb erhalten. In seinem unteren Teil entstammt er noch der ursprünglichen mittelalterlichen Anlage; die Barockhaube mit Zwiebelkuppel und Laterne erhielt er beim Umbau 1729/30. Von 1789 bis 1804 vollzog sich der Wiederaufbau (Ost- und Nordflügel waren fertig), dann mußten die Bauarbeiten wegen Geldmangels eingestellt werden. Geleitet hatte den Neubau in seinem letzten Abschnitt der auf Goethes Vorschlag berufene Berliner Architekt Heinrich Gentz. Er schuf zwischen 1801 und 1803 das Treppenhaus im Ostflügel und den «Weißen Saal». Erst 1829 konnte wieder gebaut werden, jetzt unter der Leitung des 1816 nach Weimar berufenen Oberbaudirektors Clemens Wenzeslaus Coudray, der Goethe freundschaftlich verbunden war. Aber auch Coudrays Arbeit endete erst 1840. Zur Zeit Goethes haben sich vier Architekten in die Bauleitung geteilt: neben Gentz und Coudray noch Johann August Arens aus Hamburg und Nikolaus Friedrich Thouret aus Stuttgart. «Wir sind freilich bei unserm großen Schloßbau sowie bei den übrigen Fällen, wo etwas Schönes gemacht werden soll, übel dran, daß wir nicht einen eignen Mann haben, sondern sie immer mit ansehnlichen Kosten auswärts borgen müssen», schrieb Goethe am 14. August 1798 an den Regierungsrat Christian Gottlob Voigt. ▷

Weimar,
Turm des Schlosses

Am 14. November 1777 bezog der Oberstallmeister von Stein mit seiner Familie eine neue Wohnung in Weimar. Goethe hatte Charlotte von Stein in der Ausmalung der Zimmer beraten – « mit Grün und Grau gewechselt und ein einziges, das Besuchszimmer, Paille » – und war beim Umzug behilflich gewesen. Die neue Wohnung in der Akkerwand liegt am Rande des Ilm-Parks, wo Goethe damals noch ganz in seinem Gartenhaus lebte. Deswegen wird Charlotte von Stein nun häufiger in Goethes Briefen als « Nachbarin » bezeichnet.

Weimar, Eingang zum Haus der Familie von Stein

Am 7. November 1775 war Goethe in Weimar eingetroffen, etwa vier Tage später lernte er Charlotte von Stein kennen, die Frau des herzoglichen Oberstallmeisters Ernst Josias Friedrich von Stein, Mutter von sieben Kindern, von denen aber nur drei überlebt hatten. Sie war Goethe nicht unbekannt. Er hatte schon vor einigen Monaten ihre Silhouette gesehen und damals enthusiastisch geäußert: « Es wäre ein herrliches Schauspiel, zu sehen, wie die Welt sich in dieser Seele spiegelt. Sie sieht die Welt, wie sie ist, und doch durchs Medium der Liebe. So ist auch Sanftheit der allgemeinere Eindruck. »

Goethe verliebt sich sofort in die um sieben Jahre ältere Frau und schreibt ihr schon in dem ersten uns erhaltenen Brief vom Januar 1776, « wie ich Ihnen meine Liebe nicht sagen kann ».

Und in einem Brief an Wieland vom April 1776 heißt es: « Ich kann mir die Bedeutsamkeit – die Macht, die diese Frau über mich hat, anders nicht erklären als durch die Seelenwanderung. – Ja, wir waren einst Mann und Weib! – Nun wissen wir von uns – verhüllt, in Geisterduft. – Ich habe keine Namen für uns – die Vergangenheit – die Zukunft – das All. » Damals – am 14. April 1776 – hatte er der Freundin ein Gedicht geschickt, in dem es heißt:

« Sag, was will das Schicksal uns bereiten?
Sag, wie band es uns so rein genau?
Ach, du warst in abgelebten Zeiten
Meine Schwester oder meine Frau. »

« Meine Frau » – Charlotte von Stein muß diese Formulierung sehr nachdrücklich zurückgewiesen haben, denn Goethe schreibt ihr zwei Tage später: « Adieu, liebe Schwester, weil's denn so sein soll » und erwähnt dabei eine Bemerkung Wielands, « wodurch ich Sie beleidigt hätte ». Um diesen Punkt scheint die Auseinandersetzung auch weiterhin gekreist zu haben, es gibt Andeutungen genug in Goethes Briefen. Charlotte von Stein war auf strenge gesellschaftliche Reputation bedacht, und alles spricht bei ihr für ein eher prüdes Gemüt. Wie immer es um ihre eigene Ehe bestellt gewesen sein mag: Sie wahrte die Form und Goethe mit ihr. Nie wurden die von der Gesellschaft gesetzten Schranken durchbrochen, obwohl ihr Goethe die glühendsten Liebesbriefe schickte, die er je geschrieben hat. Sie enthalten mehrfach Grüße an den Ehemann und werden auch häufig durch diesen übermittelt.

Ein Besucher Weimars lernt im Mai 1787 Charlotte von Stein kennen: « Ich habe es schon lange bemerkt, daß Eheleute, die sich lieben, oder vertraute Freunde selbst in ihren Gesichtsbildungen viel voneinander annehmen, und sah dies auch in Weimar. Frau von Stein hat nicht allein in der Sprache, sondern auch in ihrer Physiognomie erstaunlich viel von Goethe. Ich machte Herder auch drauf aufmerksam, der mir recht gab. » Schiller, der sie um diese Zeit kennenlernt, charakterisiert sie als « eine wahrhaftig eigene interessante Person, und von der ich begreife, daß Goethe sich so ganz an sie attachiert hat. Schön kann sie nie gewesen sein, aber ihr Gesicht hat einen sanften Ernst und eine ganz eigene Offenheit. Ein gesunder Verstand, Gefühl und Wahrheit liegen in ihrem Wesen. Diese Frau besitzt vielleicht über tausend Briefe von Goethe, und aus Italien hat er ihr noch jede Woche geschrieben. Man sagt, daß ihr Umgang ganz rein und untadelhaft sein soll. »

Als diese Sätze geschrieben wurden, begann sich die Bindung zwischen Goethe und Charlotte von Stein langsam zu lösen. Schon Goethes plötzlicher Aufbruch nach Italien, den er selbst vor der Freundin geheimgehalten hatte, wirkte auf sie tief verletzend. Sie hat sehr wohl gespürt, daß sich jetzt der Beginn eines neuen Lebensabschnitts Goethes abzeichnete, an dem sie weniger als bisher teilhaben würde.

Wie recht sie hatte, erwies sich bei Goethes Rückkehr im Sommer 1788. « Heute früh komm ich auch noch einen Augenblick », schreibt er, wieder in Weimar, « gerne will ich alles hören, was Du mir zu sagen hast, ich muß nur bitten, daß Du es nicht zu genau mit meinem jetzt so zerstreuten, ich will nicht sagen zerrissenen Wesen nehmest. Dir darf ich wohl sagen, daß mein Innres nicht ist wie mein Äußres. »

Damals hat Goethe gerade die junge Christiane Vulpius kennengelernt; sie ist seine Geliebte geworden und wohnt bei ihm. Wäre auch sie nur ein « Misel » gewesen, Charlotte von Stein hätte darüber hinweggesehen. Aber sie spürte deutlich, daß sich hier eine Liebesbeziehung entwickelte, die Goethe von ihr abzog, und sie reagierte darauf mit Verbitterung. Aber Goethe selbst war ja auch als ein ganz anderer aus Italien zurückgekehrt. Er hatte in Italien die Totalität des Eros erfahren, die für ihn künftig eine Trennung in hie « Seelenfreundin » und dort « Misel » ausschloß. Christiane, auch wenn sie geistig Charlotte von Stein weit unterlegen war, bedeutete für Goethe weit mehr als nur « sein Bettschatz », wie es ... Aja liebevoll nannte. Nach einem Jahrzehnt psychischer Liebe widerfuhr Goethe jetzt die Liebesbeziehung seiner zweiten Lebenshälfte eher entgegengesetzt. Er sei « sinnlich geworden », klagte Charlotte von Stein.

« Wenn Du es hören magst; so mag ich Dir gerne sagen, daß Deine Vorwürfe, wenn sie mir auch im Augenblick empfindlich sind, keinen Verdruß und Groll im Herzen zurücklassen », schreibt ihr Goethe im Februar 1789. « Auch sie weiß ich zurechtzulegen, und wenn Du manches an mir dulden mußt; so ist es billig, daß ich auch wieder von Dir leide. Es ist auch so viel besser, daß man freundlich abrechnet, als daß man sich immer einander anähnlichen will, und wenn das nicht reüssiert, einander aus dem Wege geht. »

Aber zum « freundlichen Abrechnen » war sie nicht bereit, worauf er ihr am 1. Juni 1789 schreibt: « Aber das gestehe ich gern, die Art, wie Du mich behandelt hast, kann ich nicht erdulden. Wenn ich gesprächig war, hast Du mir die Lippen verschlossen, wenn ich mitteilend war, hast Du mich der Gleichgültigkeit, wenn ich für Freunde tätig war, der Kälte und Nachlässigkeit beschuldigt. Jede meiner Mienen hast Du kontrolliert, meine Bewegungen, meine Art zu sein getadelt und mich immer mal à mon aise gesetzt. Wo sollte da Vertrauen und Offenheit gedeihen, wenn Du mich mit vorsätzlicher Laune von Dir stießest? »

Und dann schreibt er ihr am 8. Juni 1789 ein letztes Mal: « Ich habe kein größeres Glück gekannt als das Vertrauen gegen Dich, das von jeher unbegrenzt war, sobald ich es nicht mehr ausüben kann, bin ich ein andrer Mensch und muß in der Folge mich noch mehr verändern. (...) Zu meiner Entschuldigung will ich nichts sagen. Nur mag ich Dich gern bitten: Hilf mir selbst, daß das Verhältnis, das Dir zuwider ist, nicht ausarte, sondern stehen bleibe wie es steht. Schenke mir Dein Vertrauen wieder ... »

Aber dazu war Charlotte von Stein nicht mehr bereit, und damit war der endgültige Bruch da. Es hat Jahre gedauert, bis die Beziehung zwischen beiden wiederaufgenommen wurde, aber da war sie nur noch freundlich-reserviert, und beide redeten sich mit « Sie » an.

Charlotte von Stein, seit 1793 verwitwet, starb am 6. Januar 1827 in Weimar, 84 Jahre alt.

Großkochberg

Das Rittergut Kochberg mit dem Marktflecken Großkochberg – 35 km von Weimar an der Straße nach Rudolstadt – befand sich im Besitz der Familie von Stein und war seit 1764 ein von Charlotte von Stein bevorzugter Aufenthalt. Goethe besuchte Kochberg erstmals am 6. Dezember 1775 und gedachte dieses Besuchs zehn Jahre später in einem Brief an Charlotte von Stein vom 22. September 1785: « Ich denke mir meine Liebe in dem alten Schlosse, wo ich sie vor zehn Jahren zum erstenmal besuchte und wo sie mich durch ihre Liebe so fest hielt. Wie gerne wäre ich bei dir ... »

Goethe war besonders gern in Kochberg und hat sich wiederholt hier aufgehalten, auch wenn Charlotte von Stein selbst nicht anwesend war. Im Winter lief er auf dem zugefrorenen Schloßgraben Schlittschuh, im Sommer zeichnete er häufig Schloß und Umgebung. Er besorgte Obstbäume für Kochberg, und er ließ für die Freundin einen Schreibtisch arbeiten: « Glauben Sie mir, ich halt ihn auch für kostbar und muß, denn seit Anfang dieses Jahrs hab ich mich beschäftigt, ihn zusammenzutreiben, alles selbst ausgesucht, aufgesucht, davon viel Anekdoten zu erzählen wären, bin oft vergnügt von Ihnen weg zum Tischler gegangen, weil etwas im Werk war, das Sie freuen sollte, das nicht auf der Messe erkauft, das von seinem ersten Entwurf meine Sorge, meine Puppe, meine Unterhaltung war », schreibt er am 30. November 1779 aus Zürich. «Meine Seele sucht Dich in Kochberg und eilt oft zu Dir hinüber », heißt es 1785 in einem Brief aus Böhmen. Nach der Rückkehr aus Italien, die Beziehung zu Charlotte von Stein ist

Rittergut Kochberg

schon spürbar erkaltet, fährt er noch einmal für vier Tage nach Kochberg, vom 5. bis 9. September 1788. Caroline Herder berichtet darüber: «Lotte Lengefeld kam zuerst, uns zu empfangen, dann die Frau von Stein, die uns alle freundlich empfing, doch ihn ohne Herz. Das verstimmte ihn den ganzen Tag.» Von Kochberg aus besucht Goethe am 7. September die Familie Lengefeld in Rudolstadt, wo er erstmals Schiller kennenlernt. Die Abreise am 9. September war endgültig: Goethe hat Schloß Kochberg nicht wiedergesehen.

Goethe an den weimarischen Staatsminister und Geheimrat J. F. v. Fritsch, 3. August 1776:
« Aus dem geliebten Stüzzerbach schick ich Ihnen bester Herr Geheimder Rath die unterschriebnen und vollzognen Papiere zurück, fahren Sie fort mir das nötige zuzufertigen, und ich will meine Expedition ambulante bestmöglichst besorgen. »

An Charlotte von Stein schreibt er am 8. August 1776:
« Stüzzerbach Nachts bey Tisch. Ich hab heute den ganzen Tag für dich gezeichnet, nicht immer glücklich, aber immer warm. Heut aber saß ich wieder hier auf dem Schloßberg und hatte einen guten Augenblick. Wie erwünscht lag eben der Sonnenblick den Moment da ich aufstieg im Thal wie ich ihn aufs Papier fesseln mögt. »
Am 10. August:
« Liebste Frau. Ich schick Ihnen die Stüzzerbacher Zeichnung unvollendet, denn ich fürcht ich verderb sie. »
... und am 6. September 1776:
« In Stüzzerbach tanzt ich mit allen Bauernmädels im Nebel und trieb eine liederliche Wirthschafft bis Nachts eins. »
Seinem Brief an den Zürcher Pfarrer Johann Caspar Lavater vom 25.–30. August desselben Jahres – er ist noch heute im Stützerbacher Haus zu sehen – hatte Goethe das Gedicht « Dem Schicksal » beigefügt, das er später in folgender Weise umwandelte:

EINSCHRÄNKUNG

Ich weiß nicht, was mir hier gefällt,
In dieser engen, kleinen Welt
Mit holdem Zauberband mich hält?
Vergeß ich doch, vergeß ich gern,
Wie seltsam mich das Schicksal leitet;
Und ach, ich fühle, nah und fern
Ist mir noch manches zubereitet.
O wäre doch das rechte Maß getroffen!
Was bleibt mir nun, als eingehüllt,
Von holder Lebenskraft erfüllt,
In stiller Gegenwart die Zukunft zu erhoffen!

Stützerbach

Im Haus des Glashüttenbesitzers Johann Daniel Gundelach (erbaut gegen Ende des 17. Jahrhunderts) hat Goethe dreizehnmal Wohnung bezogen. Das Dorf Stützerbach bei Ilmenau zählte 1787 zwar nur 38 Häuser mit 218 Einwohnern, war aber das Zentrum der Papierfabrikation und – seit 1656 – der Glasmacherei im kleinen Herzogtum Sachsen-Weimar. Das Dorf diente dem waidfrohen Herzog oft als Quartier für seine Jagdpartien, und das Treiben der Hofgesellschaft wird von Goethe mehrfach mit dem von ihm geschätzten Epitheton «toll» bedacht. Dennoch ging es Goethe nicht so sehr um ausgelassene Lustbarkeiten, auch wenn er sie zu schätzen wußte; von Stützerbach aus unternahm er manche Exkursion, die ihm zur Information über die desolate Lage der hier arbeitenden Bevölkerung verhelfen sollte, für deren soziale Verbesserung er viel getan hat.

Das bei Weimar gelegene Schlößchen Tiefurt war der Alters- und Musensitz der Herzogin Anna Amalia. Aus ursprünglich reinem Ackerland schuf (seit 1776) Goethes «Urfreund», Carl Ludwig von Knebel, einen Park, an dessen weiterer Ausgestaltung die Herzogin regen Anteil hatte. Nach einem Besuch des Parks von Wörlitz, der damals stilbildend war, ließ die Mutter des Herzogs Carl August zwischen 1782 und 1788 ein Gelände erschließen, das sowohl einen Wiesen-, wie einen Berg- und Waldpark umfaßte, woraus eine der bedeutendsten deutschen Parkanlagen im englischen Stil des Landschaftsgartens erwuchs. Zu seiner Ausstattung gehörte – dem empfindsamen Geschmack der Zeit entsprechend – auch die Errichtung schlichter Denkmäler wie dieses für den 1803 gestorbenen Herder, der oft in Tiefurt zu Gast gewesen war. Der auf dem Gedenkstein abgebildete Schmetterling ist das Symbol für Unsterblichkeit.

Schloß Tiefurt, Herder-Denkmal

« Der Empfindung, der Weisheit und den Grazien » sei der Park von Tiefurt geweiht, betonte Luise von Göchhausen, Anna Amalias kluges Hoffräulein. Das sechseckige Tempelchen aber widmete sich den Musen, verkörpert durch eine darin aufgestellte Statue der Polyhymnia, der Muse der Pantomime und des Tanzes, stellvertretend für alle neun. Nur wenige Schritte von diesem Tempelchen entfernt, unmittelbar am Ufer der Ilm, wurde am 22. Juli 1782 in einer nächtlichen Vorstellung Goethes Singspiel « Die Fischerin » uraufgeführt, das Herzogin Anna Amalia anschließend in 150 Exemplaren drucken ließ. Die überaus gelungene Vorstellung und das stimmungsvolle Ambiente hinterließen bei allen Anwesenden einen tiefen Eindruck. Die damals 31 Jahre alte Schauspielerin Corona Schröter, von Goethe besonders favorisiert, gab die Hauptrolle. Zwischen 1845 und 1850 erlebte der Park noch einmal eine Umgestaltung durch den Gartenmeister des Fürsten Pückler, Petzold; im wesentlichen aber behielt er das Aussehen, das er zu Goethes Lebzeiten besaß.

Schloß Tiefurt, Tempelchen im Park

Dornburg, Bergstube im Renaissanceschloß

Und wenn mich am Tag die Ferne
Blauer Berge sehnlich zieht,
Nachts das Übermaß der Sterne
Prächtig mir zu Häupten glüht –

Alle Tag' und alle Nächte
Rühm ich so des Menschen Los;
Denkt er ewig sich ins Rechte,
Ist er ewig schön und groß.

Mehr als zwanzigmal hat sich Goethe in Dornburg aufgehalten, einem Komplex von drei kleinen Schlössern, hoch gelegen auf einem Felsen über dem Saaletal. Der letzte Aufenthalt aber war der längste, vom 7. Juli bis zum 10. September 1828. Goethe hatte sich unmittelbar nach dem Tode Herzog Carl Augusts hierher zurückgezogen, um eine Weile allein sein zu können. Die «Bergstube» im Renaissanceschloß am Südende des Abhangs diente ihm für die 66 Tage seines Aufenthalts als Arbeitszimmer. Hier beschäftigte er sich mit botanischen und mineralogischen Studien, und hier entstanden die Gedichte «Der Bräutigam», «Dem aufgehenden Vollmonde» und «Früh, wenn Tal, Gebirg und Garten». Wohl hat Goethe Dornburg auch nach 1828 noch wiedergesehen, hier aber nicht mehr gewohnt.

Dornburg, Schloßterrassen

Die sich um die Dornburger Schlösser ziehenden Terrassen hat Goethe während seines Aufenthalts 1828 ganz besonders geliebt; sein Tagebuch erwähnt sie damals allein dreizehnmal. Von hier geht der Blick weit ins Saaletal, und von hier hat Goethe mehrfach den Tagesanbruch erlebt. Am 18. August 1828 hält er in seinem Tagebuch fest: «Vor Sonnenaufgang aufgestanden. Vollkommene Klarheit des Tales. Der Ausdruck des Dichters: heilige Frühe ward empfunden.»

Zum Figurenschmuck des Tiefurter Parks gehört auch diese Kopie einer antiken Plastik, die ein Mädchen beim Knöchelspiel zeigt, aufgestellt auf dem Altan des Schlößchens. Figuren dieser Art waren im ausgehenden 18. Jahrhundert sehr beliebt und wurden entsprechend oft kopiert.

Schloß Tiefurt
Blick in den Park

Den Kickelhahn, eine bewaldete Anhöhe in der Nähe von Ilmenau, hat Goethe oft aufgesucht. Hier zeichnete er für Charlotte von Stein am 22. Juli 1776 die «dampfenden Täler», und hier schrieb er am 6. September 1780 «Wandrers Nachtlied» («Über allen Gipfeln ist Ruh ...»). «Die Aussicht ist groß, aber einfach», berichtete er Frau von Stein an diesem Tage. «Es ist eben die Gegend, von der ich Ihnen die aufsteigenden Nebels zeichnete.» Goethe schrieb das Gedicht an die Wand einer kleinen Jagdhütte, in der er damals für eine Woche Quartier bezogen hatte, «um dem Wuste des Städtgens, den Klagen, den Verlangen, der unverbesserlichen Verworrenheit der Menschen auszuweichen».

Blick vom Kickelhahn
bei Ilmenau

Berginspektor Johann Christian Mahr berichtet: «Am 26. August 1831 gegen Abend traf Goethe mit seinen beiden Enkeln und Bedienung im Gasthofe zum Löwen hier [in Ilmenau] ein. Der reinste, von Wolken ungetrübte Himmel gewährte die trefflichste Witterung. Er hatte mir seine Ankunft gleich melden und mich ihn zu besuchen bitten lassen; doch kam ich erst spät am Abend aus dem Kammerberger Steinkohlenbergwerk nach Hause. Also besuchte ich ihn am 27. morgens, wo er schon seit früh 4 Uhr an seinem Tische beschäftigt war. Seine Freude war, wie er sagte, sehr groß, die hiesige Gegend, welche er seit dreißig Jahren nicht wieder besucht hatte, da er doch sonst so oft und so viel hier gewesen, wieder zu sehen. Seine beiden Enkel seien schon in Begleitung des Kammerdieners in die Berge gegangen und würden bis Mittag ausbleiben. Nach mehreren Erkundigungen, ob nicht wieder etwas in geognostischer Beziehung Merkwürdiges vorgekommen sei, fragte er dann, ob man wohl bequem zu Wagen auf den Kickelhahn fahren könne. Er wünsche das auf dem Kickelhahn befindliche, ihm von früherer Zeit her sehr merkwürdige Jagdhäuschen zu sehen, und daß ich ihn auf dieser Fahrt begleiten möge. Also fuhren wir beim heitersten Wetter auf der Waldstraße über Gabelbach. Unterwegs ergötzte ihn der beim Chausseebau tief ausgehauene Melaphyr-Fels, sowohl wegen seines merkwürdigen Vorkommens mitten im Feldsteinporphyr als wegen des schönen Anblicks von der Straße aus. Weiterhin setzten ihn die nach Anordnung des Oberforstrats König in den Großherzoglichen Waldungen angelegten Alleen und geebneten Wege in ein freudiges Erstaunen, indem er sie mit den früher äußerst schlechten, ihm sehr wohl bekannten Fahrstraßen auf den Wald verglich. Ganz bequem waren wir so bis auf den

Jagdhütte auf dem Kickelhahn

höchsten Punkt des Kickelhahns gelangt, als er ausstieg, sich erst an der kostbaren Aussicht auf dem Rondell ergötzte, dann über die herrliche Waldung freute und dabei ausrief: ‹Ach! hätte doch dieses Schöne mein guter Großherzog Carl August noch einmal sehen können!› Hierauf fragte er: ‹Das kleine Waldhaus muß hier in der Nähe sein? Ich kann zu Fuß dahin gehen, und die Chaise soll hier so lange warten, bis wir zurückkommen.› Wirklich schritt er rüstig durch die auf der Kuppe des Berges ziemlich hochstehenden Heidelbeersträuche hindurch, bis zu dem wohlbekannten zweistöckigen Jagdhause, welches aus Zimmerholz und Bretterbeschlag besteht. Eine steile Treppe führt in den obern Teil desselben. Ich erbot mich, ihn zu führen; er aber lehnte es mit jugendlicher Munterkeit ab, ob er gleich tags darauf seinen zweiundachtzigsten Geburtstag feierte, mit den Worten: ‹Glauben Sie ja nicht, daß ich die Treppe nicht steigen könnte; das geht mit mir noch recht sehr gut.› Beim Eintritt in das obere Zimmer sagte er: ‹Ich habe in früherer Zeit in dieser Stube mit meinem Bedienten im Sommer acht Tage gewohnt und damals einen kleinen Vers hier an die Wand geschrieben. Wohl möchte ich diesen Vers nochmals sehen, und wenn der Tag darunter bemerkt ist, an welchem es geschehen, so haben Sie die Güte, mir solchen aufzuzeichnen.› Sogleich führte ich ihn an das südliche Fenster der Stube, an welchem links mit Bleistift geschrieben steht:

Über allen Gipfeln ist Ruh,
In allen Wipfeln spürest du
Kaum einen Hauch.
Es schweigen die Vöglein im Walde;
Warte nur, balde
Ruhest du auch.
D. 7. September 1783. Goethe.

Goethe überlas diese wenigen Verse, und Tränen flossen über seine Wangen. Ganz langsam zog er sein schneeweißes Taschentuch aus seinem dunkelbraunen Tuchrock, trocknete sich die Tränen und sprach in sanftem, wehmütigem Ton: ‹Ja, warte nur, balde ruhest du auch!›, schwieg eine halbe Minute, sah nochmals durch das Fenster in den düstern Fichtenwald, und wendete sich darauf zu mir, mit den Worten: ‹Nun wollen wir wieder gehen.› »

Längst war der Dichter eine gesuchte Zelebrität geworden. Besucher wünschten eine Audienz, empfahlen sich und wollten empfohlen werden. Goethe nahm es geduldig hin, nur gelegentlich wurde Protest laut. Und natürlich boten Lieferanten stets ihre Dienste an. Hier «empfiehlt sich ganz gehorsamst» zum Beispiel der Konditor P. W. Schwarz aus der Weimarer Breitengasse für Torten («Nelsontorte», «Torte d'amour»), Pasteten, Conserven, Bonbons, Confituren, Punsch-Essenzen und Liqueure «und verspricht die prompeste *(sic)* und billigste Bedienung». Nun war Goethe überhaupt kein Freund von süßem Gebäck, bestellte aber als guter Gastgeber solches Naschwerk für die vielen Besucher und die eigene Familie, vor allem für seine drei Enkel. ▷

Weimar, Empfehlungskarten
in Goethes Arbeitszimmer
im Haus am Frauenplan

« Deckenzimmer » im Haus am Frauenplan

Das « Deckenzimmer » im Haus am Frauenplan erhielt seinen Namen schon zu Goethes Lebzeiten nach der barocken Stuckdecke aus der Erbauungszeit des Hauses. Es war so etwas wie Goethes Bilderkabinett, und der Hausherr pflegte hier Blätter aus seiner reichen Sammlung für Freunde und Besucher auszulegen. Die an den Wänden hängenden Bilder befanden sich in Wechselrahmen, so daß sie häufiger ausgetauscht werden konnten. Neben Werken von Bernini, Elsheimer, Angelica Kauffmann und Peter Vischer d. J. hingen hier Kopien und Arbeiten aus der Schule von Caracci, Raffael und Rubens. Das sparsam aufgestellte Mobiliar stammte zum Teil aus dem Nachlaß von Goethes 1808 verstorbener Mutter. Der passionierte Kunstsammler Goethe liebte es, die im Laufe eines langen Lebens zusammengetragenen Schätze seinen Besuchern vorzulegen, gelegentlich nur darum, um sie beschäftigt zu wissen und einer ihm lästigen Unterhaltung aus dem Wege zu gehen.

Goethes Arbeitszimmer

Die Ausstattung von Goethes Arbeitszimmer war karg, und so wollte er es auch haben. « Geringe Wohnung, wie dieses schlechte Zimmer, worin wir sind », sagte er am 23. März 1829 zu Eckermann in seinem Arbeitsraum, « ein wenig unordentlich ordentlich, ein wenig zigeunerhaft, ist für mich das Rechte; es läßt meiner inneren Natur volle Freiheit, tätig zu sein und aus mir selber zu schaffen. » Und am 25. März 1831 bekräftigt er noch einmal: « Eine Umgebung von bequemen geschmackvollen Möbeln hebt mein Denken auf und versetzt mich in einen behaglichen passiven Zustand. » Seine Arbeiten diktierte er meist im Auf- und Abgehen einem Sekretär; schrieb er selbst, was höchst selten geschah, so stand er am Stehpult.

Unter einen Stich seines Hauses mit Betrachtern davor setzte Goethe 1828 den Vierzeiler: «Warum stehen sie davor? / Ist nicht Türe da und Tor? / Kämen sie getrost herein / Würden wohl empfangen sein.» Goethes Haus war stets gastlich, und er selbst galt längst als attraktivste Weimarer Sehenswürdigkeit. Besucher kamen aus dem In- und Ausland, Wissenschaftler sprachen vor, Künstler und Schriftsteller, aber natürlich auch bloß Neugierige, auf die der Bestaunte aber unwirsch reagierte. «Er ließ mir mündlich sagen, er kenne mich nicht und sei kein Wundertier, um begafft zu werden», war der Bescheid auf die Bitte eines Offiziers «um eine Audienz» 1814. Seinen ersten Besuch bei Goethe am 29. September 1826 fand Grillparzer enttäuschend: «Endlich öffnete sich eine Seitentüre, und er selbst trat ein. Schwarzgekleidet, den Ordensstern auf der Brust, gerader, beinahe steifer Haltung, trat er unter uns wie ein Audienz gebender Monarch. Er sprach mit diesem und jenem ein paar Worte und kam endlich auch zu mir (...) Das Ideal meiner Jugend, den Dichter des Faust, Clavigo und Egmont, als steifen Minister zu sehen, der seinen Gästen den Tee gesegnete, ließ mich aus all meinen Himmeln herabfallen.» Am nächsten Tag aber erlebt Grillparzer, zum Mittagessen eingeladen, einen ganz anderen Goethe, «so liebenswürdig und warm, als er neulich steif und kalt gewesen war. Das Innerste meines Wesens begann sich zu bewegen. Als es aber zu Tische ging und der Mann, der mir die Verkörperung der deutschen Poesie, der mir in der Entfernung und dem unermeßlichen Abstande beinahe zu einer mythischen Person geworden war, meine Hand ergriff, um mich ins Speisezim-

Eingang zu Goethes Empfangsräumen im Haus am Frauenplan

mer zu führen, da kam einmal wieder der Knabe in mir zum Vorschein, und ich brach in Tränen aus.» Später faßte Grillparzer seinen Eindruck in den Satz zusammen: «Im ersten Augenblick war mir, als stünde ich vor einem Jupiter omnipotens, einem Unnahbaren. Gleich darauf aber war mir, als stände ich vor einem liebenden Vater, dem ich all mein geheimstes Herzensleid hätte beichten mögen.»

Eckermann stand am 10. Juni 1823 erstmals Goethe gegenüber: «Nachdem ich mich ein wenig umgesehen, ging ich sodann mit dem sehr gesprächigen Bedienten die Treppe hinauf zur ersten Etage. Er öffnete ein Zimmer, vor dessen Schwelle man die Zeichen SALVE als gute Vorbedeutung eines freundlichen Willkommenseins überschritt. Er führte mich durch dieses Zimmer hindurch und öffnete ein zweites, etwas geräumigeres, wo er mich zu verweilen bat, indem er ging mich seinem Herrn zu melden. Hier war die kühlste erquicklichste Luft, auf dem Boden lag ein Teppich gebreitet, auch war es durch ein rotes Kanapee und Stühle von gleicher Farbe überaus heiter möbliert; gleich zur Seite stand ein Flügel, und an den Wänden sah man Handzeichnungen und Gemälde verschiedener Art und Größe. Durch eine offene Tür gegenüber blickte man sodann in ein ferneres Zimmer, gleichfalls mit Gemälden verziert, durch welches der Bediente gegangen war mich zu melden. Es währte nicht lange, so kam Goethe, in einem blauen Oberrock und in Schuhen; eine erhabene Gestalt! Der Eindruck war überraschend. Doch verscheuchte er sogleich jede Befangenheit durch die freundlichsten Worte. Wir setzten uns auf das Sofa. Ich war glücklich verwirrt in seinem Anblick und seiner Nähe, ich wußte ihm wenig oder nichts zu sagen.»

Zu den letzten Besuchern Goethes gehörte der junge Siegmund von Arnim, der Sohn Bettinas, der vom 10. bis 15. März 1832 Gast am Frauenplan war. Er übermittelte damals seiner Mutter den Gruß des Hausherrn und fügt die schöne Charakterisierung hinzu: «... wie er nicht mehr in der Welt lebte, sondern nur noch wie in einem Buche darin herumblätterte ...» Das war eine Woche vor Goethes Tode.

Weimar, Goethes Arbeitszimmer im Gartenhaus

Im Gartenhaus lag das kleine Arbeitszimmer im Obergeschoß; ebenso karg möbliert wie das große am Frauenplan. Auch hier arbeitete Goethe am Stehpult; der Bocksitz davor diente nur zum Ausruhen bei Ermüdung. In diesem Raum begann er im Februar 1777 mit der Arbeit an «Wilhelm Meisters theatralischer Sendung», hier entstanden neben einigen bedeutenden Gedichten Teile der «Iphigenie» und des «Tasso». Ein letztes Mal hat Goethe hier vom 12. Mai bis 8. Juni 1827 gearbeitet: an seinem letzten großen Werk, dem zweiten Teil des «Faust».

Weimar, Brücke über die Ilm

Als Goethe 1775 nach Weimar kam, existierte der sich entlang der Ilm hinziehende Park noch nicht. Weitgehend ist dieser Park sein Werk, wenngleich keine eigentliche Gesamtplanung zugrundelag, sondern die Gestaltung sich abschnittweise vollzog. Eine Gedächtnisstätte für Christiane von Lasberg, die sich am 16. Januar 1778 aus Liebeskummer in der Ilm ertränkte, wurde so etwas wie die Keimzelle der künftigen Parkanlage: «Ich erfand ein seltsam Plätzchen, wo das Andenken der armen Christel verborgen stehn wird», schrieb Goethe am 19. Januar an Charlotte von Stein. «Das war, was mir heut noch an meiner Idee mißfiel, daß es so am Weg wäre, wo man weder hintreten und beten noch lieben soll. Ich hab mit Jentschen ein gut Stück Felsen ausgehöhlt, man übersieht von da, in höchster Abgeschiedenheit, ihre letzten Pfade und den Ort ihres Todes. Wir haben bis in die Nacht gearbeitet, zuletzt noch ich allein bis in ihre Todesstunde, es war eben so ein Abend. (...) Gute Nacht, Engel, schonen Sie sich und gehn nicht herunter. Diese einladende Trauer hat was gefährlich Anziehendes wie das Wasser selbst, und der Abglanz der Sterne des Himmels, der aus beiden leuchtet, lockt uns.»

Tropische Pflanze in Goethes Arbeitszimmer ▷

Das «höchst merkwürdige Bryophyllum calycinum», eine auf Madagaskar heimische Fettpflanze, hat Goethe ganz besonders interessiert, ihr Blühen wird sogar zweimal (1818 und 1825) ausdrücklich im Tagebuch erwähnt. Auch die «Tag- und Jahreshefte» vermerken für 1820: «Ich fuhr fort, mich mit Wartung des Bryophyllum calycinum zu beschäftigen, dieser Pflanze, die den Triumph der Metamorphose im Offenbaren feiert.» Unter dem 24. März 1826 steht im Tagebuch: «Aufsatz angefangen über Bryophyllum calycinum», eine Arbeit, die aber nicht ausgeführt wurde.

Morphologie
Chromatik

Goethes Bibliothek, neben seinem Arbeitszimmer gelegen, umfaßte bei seinem Tode 5424 Titel, die 1958 erstmals bibliographisch erfaßt wurden. Der früheste Katalog von 1788 enthielt nur 317 Werke. Erstaunlich gering ist die Zahl der vom Dichter zusammengetragenen Goetheana, die nicht mehr als 124 Titel umfassen, da ihr Autor vieles verschenkte und darüber vergaß, um Vollständigkeit eigener Ausgaben (auch in Übersetzungen) besorgt zu sein. Wissenschaftliche Gebiete aller Disziplinen sind reichhaltig vertreten, dazu einige hundert Bücher, die Goethe von ihren Autoren dediziert wurden. Für seine Arbeit war Goethe nicht auf die Privatbibliothek angewiesen; ihm standen natürlich alle Bibliotheken des Herzogtums, deren Leiter er war, zur Verfügung, und er machte von ihnen ausgiebig Gebrauch, wie die noch erhaltenen Leihscheine beweisen.

Goethes Bibliothek

Als Napoleon im Exil die Summe seines Daseins zu ziehen versuchte, rief er aus: «Welch ein Roman war doch mein Leben!» Es ist nicht bekannt, ob Goethe von diesem Wort gewußt hat, aber bei ihm findet sich der Satz: «Mein Leben ein einzig Abenteuer.»

Je älter er wurde, desto mehr wurde ihm sein Leben geschichtlich. Bezeichnend dafür sind seine Äußerungen gegenüber Kanzler von Müller, um 1830 getan:

«Die wahre Geschichte der ersten zehn Jahre meines weimarischen Lebens könnte ich nur im Gewande der Fabel oder eines Märchens darstellen; als wirkliche Tatsache würde die Welt es nimmermehr glauben. Kommt doch jener Kreis, wo auf hohem Standort ein reines Wohlwollen und gebührende Anerkennung – durchkreuzt von den wunderlichsten Anforderungen –, ernstliche Studien neben verwegensten Unternehmungen, und heiterste Mitteilungen trotz abweichenden Ansichten sich betätigen, *mir selbst*, der das alles miterlebt hat, schon als ein *mythologischer* vor. Ich würde vielen weh, vielleicht nur wenigen wohl, mir selbst niemals Genüge tun; wozu das? Bin ich doch froh, mein Leben hinter mir zu haben; was ich geworden und geleistet, mag die Welt wissen; wie es im einzelnen zugegangen, bleibe mein eigenstes Geheimnis.»

Seit 1823 kommt Eckermann zu ihm, nützlicher Sekretär, aber noch viel mehr der Chronist seiner Worte. Goethe wußte, daß Eckermann mitschrieb oder anschließend aufzeichnete, was er von Goethe vernommen hatte; was er also formulierte, wurde schon durchaus im Blick auf die Nachwelt gesprochen. Das erklärt das Vermächtnishafte mancher Formulierung, so wenn er am 27. Januar 1824 erklärt:

«Man hat mich immer als einen vom Glück besonders Begünstigten gepriesen; auch will ich mich nicht beklagen und den Gang meines Lebens nicht schelten. Allein im Grunde ist es nichts als Mühe und Arbeit gewesen, und ich kann wohl sagen, daß ich in meinen fünfundsiebzig Jahren keine vier Wochen eigentliches Behagen gehabt. Es war das ewige Wälzen eines Steines, der immer von neuem gehoben sein wollte. (...) Der Ansprüche an meine Tätigkeit, sowohl von außen als innen, waren zu viele. – Mein eigentliches Glück war mein poetisches Sinnen und Schaffen. Allein wie sehr war dieses durch meine äußere Stellung gestört, beschränkt und gehindert. Hätte ich mich mehr vom öffentlichen und geschäftlichen Wirken und Treiben zurückhalten und mehr in der Einsamkeit leben können, ich wäre glücklicher gewesen und würde als Dichter weit mehr gemacht haben. So aber sollte sich bald nach meinem Götz und Werther an mir das Wort eines Weisen bewähren, welcher sagte: wenn man der Welt etwas zuliebe getan habe, so wisse sie dafür zu sorgen, daß man es nicht zum zweiten Male tue.»

Eine gewisse Begünstigung will er gelten lassen als Zeuge seiner Zeit, als Zeitgenosse und Beobachter einschneidender historischer Veränderungen. So sagt er einen Monat später zu Eckermann:

«Ich habe den großen Vorteil, daß ich zu einer Zeit geboren wurde, wo die größten Welt-

◁ Napoleonbüste in Goethes Arbeitszimmer

Bei einem Straßburger Friseur entdeckte Eckermann Ende September 1830 «eine kleine Büste Napoleons», die er «als ein kleines Reisegeschenk» Goethe schickte. Eckermann faszinierte, daß die Büste «von der Straße zu gegen das Dunkel des Zimmers betrachtet, alle Abstufungen von Blau zeigte, vom milchigen Hellblau bis zum tiefen Violett. Ich hatte eine Ahndung, daß, vom Innern des Zimmers gegen das Licht angesehen, die Büste mir alle Abstufungen des Gelben gewähren würde, und so konnte ich einem augenblicklichen lebhaften Trieb nicht widerstehen, zu den mir ganz unbekannten Personen geradezu hineinzutreten. Mein erster Blick war nach der Büste, wo mir denn die herrlichsten Farben der aktiven Seite, vom blassesten Gelb bis zu dem dunkelen Rubinrot, zu großer Freude mir entgegenglänzten.» Wie sehr Goethe von Eckermanns Geschenk beeindruckt war, beweist ein Brief, den er am 1. Februar 1831 an Zelter schrieb: «Eckermann ... hat mir eine kleine Büste Napoleons von Opalglas mitgebracht, die allein eine Reise um die Welt wert ist. Sie steht der aufgehenden Sonne entgegen: beim ersten Strahl derselben erklingt sie von allen allen, die sämtlichen Edelsteine überbietenden Glanz- und Pracht-Farben. Fahr ich fort, sie gegen die Sonne zu richten, so leistet sie solches den ganzen Tag.» Das Glas dieser Büste – ein trübes Beinglas – wirkt vor der dunklen Wand des Arbeitszimmers blau, im Spiegelbild – und Goethe hat die Büste selbst vor einen kleinen Spiegel gestellt – wirkt sie indes vom Fensterlicht erhellt und erscheint rotgelb. Eben dieses Farbphänomen hat Goethe in seiner «Farbenlehre» beschrieben: «Das höchstenergische Licht, wie das der Sonne, des Phosphors in Lebensluft verbrennend, ist blendend und farblos. So kommt auch das Licht der Fixsterne meistens farblos zu uns. Dieses Licht aber durch ein auch nur wenig trübes Mittel gesehen, erscheint uns gelb. Nimmt die Trübe eines solchen Mittels zu, oder wird seine Tiefe vermehrt, so sehen wir das Licht nach und nach eine gelbrote Farbe annehmen, die sich endlich bis zum Rubinroten steigert.» Zu Eckermann: «Man sieht hier wirklich den Helden auch für die Farbenlehre sieghaft.»

begebenheiten an die Tagesordnung kamen und sich durch mein langes Leben fortsetzten, so daß ich vom Siebenjährigen Krieg, sodann von der Trennung Amerikas von England, ferner von der Französischen Revolution und endlich von der ganzen Napoleonischen Zeit bis zum Untergange des Helden und den folgenden Ereignissen lebendiger Zeuge war. Hiedurch bin ich zu ganz anderen Resultaten und Einsichten gekommen, als allen denen möglich sein wird, die jetzt geboren werden und die sich jene großen Begebenheiten durch Bücher aneignen müssen, die sie nicht verstehen.»

Über seine Bedeutung ist er sich nicht im unklaren; natürlich kennt er das Projekt Bettinas von Arnim, ihm in Frankfurt ein Denkmal zu errichten. Er findet das ganz in der Ordnung, warum nicht? In den «Zahmen Xenien» spricht er das unverblümt aus: «Ihr könnt mir immer ungescheut, / Wie Blüchern, Denkmal setzen; / Von Franzen hat er euch befreit, / Ich von Philister-Netzen.» Und: «‹Zu Goethes Denkmal, was zahlst du jetzt?› / Fragt dieser, jener und der. – / Hätt ich mir nicht selbst ein Denkmal gesetzt, / Das Denkmal, wo käm es denn her?»

Aber da sind eben seine «lieben Deutschen», und wenn Goethe diese Formulierung benutzt, ist sie keineswegs liebevoll, sondern eher besonders gallig gemeint. Zu Lebzeiten drang davon so gut wie nichts in die Öffentlichkeit; seine Ausfälle stehen in Gesprächen oder in Gedichten, die er vorsichtshalber sekretierte; schließlich wollte er nicht mutwillig Leser verlieren. «Sie lassen mich alle grüßen / Und hassen mich bis in Tod.»

Bezeichnend, daß er gegenüber Eckermann in seinen kritischen Urteilen über die Landsleute eher zurückhaltend war, denn er wußte, daß man solche Sätze schon bald nach seinem Tode gedruckt kennenlernen würde. Bei anderen war er weniger vorsichtig, und einen der ärgsten Zornesausbrüche verzeichnet Johann Daniel Falk. Die Äußerung ist nicht datiert, aber da Falk 1826 starb, kann sie nicht allzuspät gefallen sein. Falk hatte die Unvorsichtigkeit, Goethe, den er schon in gereizter Stimmung antraf, auf die «gerechtere Nachwelt» anzusprechen. Das ist das Stichwort, auf das Goethe geradezu gewartet zu haben scheint, denn nun legt er los:

«Ich verwünsche den Tasso bloß deshalb, weil man sagt, daß er auf die Nachwelt kommen wird; ich verwünsche die Iphigenie; mit einem Worte, ich verwünsche alles, was diesem Publikum irgend an mir gefällt. Ich weiß, daß es dem Tag, und daß der Tag ihm angehört; aber ich will nun einmal nicht für den Tag leben. (...) Ja, wenn ich es nur je dahin noch bringen könnte, daß ich ein Werk verfaßte – aber ich bin zu alt dazu –, daß die Deutschen mich so ein fünfzig oder hundert Jahre hintereinander recht gründlich verwünschten und aller Orten und Enden mir nichts als Übles nachsagten; das sollte mich außermaßen ergötzen. Es müßte ein prächtiges Produkt sein, was solche Effekte bei einem von Natur völlig gleichgültigen Publikum, wie das unsere, hervorbrächte. Es ist doch wenigstens Charakter im Haß, und wenn wir erst wieder anfingen und in irgend etwas, sei es, was es wolle, einen gründlichen Charakter bezeigten, so wären wir auch wieder halb auf dem Wege, ein Volk zu werden. Im Grunde verstehen die meisten unter uns weder zu hassen noch zu lieben. Sie mögen mich nicht! Das matte Wort! Ich mag sie auch nicht! Ich habe es ihnen nie recht zu Danke gemacht!»

Zwar ist Goethes Wunsch nicht direkt in Erfüllung gegangen, denn es war nie ein einzelnes Werk, das seine Landsleute «recht gründlich verwünschten». Indirekt aber erfüllte es sich doch, denn mit Goethe sind die Deutschen bis heute noch nicht so recht ins Reine gekommen. Schon 1849 wurde sein 100. Geburtstag nahezu übergangen, Schillers hingegen 1859 wie ein Volksfest gefeiert, «denn er war unser!» Und noch heute streiten sich zwei deutsche Staaten darum, welchem Goethe denn eigentlich das Wort geredet habe, und da Goethe in seinem Leben viel Widersprüchliches gesagt hat, kann sich jeder aus seinen Sätzen die gewünschten Eideshelfer herausklauben und das verschweigen, was das wohlgerundete Konzept stört. Als hätte er das geahnt, sagte Goethe wenige Wochen vor seinem Tode zu Frédéric Jean Soret:

«Ich habe alles, was ich gesehen, gehört, beobachtet habe, gesammelt und verwertet. Meine Werke haben von tausend verschiedenen Personen Nahrung gezogen; Unwissende und Weise, geistvolle Männer und Dummköpfe, die Kindheit, das reife Alter, das Greisenalter, alle kamen und boten mir ihre Gedanken, Fähigkeiten, ihre Hoffnung, ihre Art, zu sein, an; ich hab oft geerntet, wo andere gesät hatten, mein Werk ist das eines Sammelwesens, und es trägt den Namen Goethe.»

Goethes Schlaf- und Sterbezimmer

Goethes Schlafzimmer mit dem einfachen Bett aus Kiefernholz und einem Wandteppich als einzigem Dekor liegt zwischen dem Dienerzimmer und dem Arbeitszimmer (linke Tür). Am 15. März 1832 hatte der Dichter nachmittags eine Spazierfahrt unternommen und sich dabei erkältet. Seinem am nächsten Morgen gerufenen Arzt Dr. Vogel klagte er über Schüttelfrost, Benommenheit, Gliederschmerzen, Husten und Heiserkeit. Die folgenden Tage verliefen wechselhaft. Nach anfänglicher Besserung aber verschlechterte sich sein Zustand am 20. März. Als Coudray an diesem Morgen das Arbeitszimmer betrat, hörte er « durch die offene Tür des Schlafzimmers, daß er in letzterm nach seiner Gewohnheit für sich laut sprach, daß ihm aber mitunter die Heftigkeit der Leiden laute Klagen erpreßte ». Der Arzt konstatierte das nahende Ende; dem Dichter selbst sei aber die Todesnähe nicht bewußt gewesen. Die letzten Stunden, vormittags am 22. März 1832, verliefen ohne Qual. « Um halb zwölf Uhr mittags drückte sich der Sterbende bequem in die linke Ecke des Lehnstuhls, und es währte lange, ehe den Umstehenden einleuchten wollte, daß Goethe ihnen entrissen sei. »

Das Gartenhaus an der Ilm war ein Geschenk von Herzog Carl August. Mit dem Hausbesitz erwarb Goethe das Weimarer Bürgerrecht, und als sein erstes eigenes Weimarer Quartier bezog der Dichter das Gartenhaus am 21. April 1776. Vom 12. Mai bis 8. Juni 1827 hat er ein letztes Mal hier gewohnt und in dieser Zeit die Arbeit am zweiten Teil des «Faust» begonnen. Einem Besucher sagt er damals: «Wir haben hier in diesem Gartenhäuschen tüchtige Jahre verlebt; und weil es denn mit uns sich auch dem Abschlusse nähert, so mag sich die Schlange in den Schwanz beißen, damit es ende, wo es begonnen.»

Besucht hat er das Gartenhaus dann noch einmal am 20. Februar 1832, einen Monat vor seinem Tode. Das Tagebuch hält fest: «In den untern Garten gefahren. Einige Stunden daselbst geblieben.» Es war Goethes letzter Aufenthalt im Park an der Ilm.

Weimar, Goethes Gartenhaus

Während sich Goethe in Italien aufhielt, ließ Herzog Carl August durch seinen Bildhauer Martin Klauer den sogenannten «Schlangenstein» kopieren und im Park an der Ilm aufstellen mit der Inschrift: «Genio huius loci» (dem Genius dieses Orts), womit der Geist der Natur gemeint war. Das Original dieses Altars, der Schlange als Symbol der Fruchtbarkeit und Erneuerung geweiht, war 1749 in den Ruinen Herculaneums gefunden worden. Goethe sah es im Museum von Portici am 18. März 1787. Das Werk war ihm nicht unbekannt, er kannte es aus der Abbildung, die 1757 in dem Band «Le pitture antiche d'Ercolano» erstmals publiziert worden war und das sein italienliebender Vater angeschafft hatte. So geht von diesem Bildwerk eine starke Symbolkraft aus: Gefunden in Goethes Geburtsjahr, steht die Kopie des Originals innerhalb einer Schöpfung Goethes, seiner Lebensmaxime, der ständigen Erneuerung, verpflichtet. Und wenn es auch nicht so gemeint war: Die Nachschöpfung steht an einem Ort, dessen *genius loci* bis heute Goethe geblieben ist.

Weimar, Schlangenstein im Park an der Ilm

ECKERMANNS TRAUM

Montag, den 14. November 1836

Es ist eine alte Wahrheit, daß dasjenige, womit wir uns den Tag über lebhaft beschäftigen, uns auch nachts im Traume häufig zu schaffen macht, und so war es denn nicht zu verwundern, daß in den ersten Jahren nach Goethes Tode, jeder Tag sein Andenken lebhaft in mir zurückrief, ich auch nachts in meinen Träumen häufig mit ihm zu tun hatte. Und zwar sah ich ihn gewöhnlich als einen Lebendigen; ich hielt mit ihm allerlei Gespräche und verließ ihn stets mit der frohen Überzeugung, daß er nicht tot sei.

Auch in der vorigen Nacht führte mich der Traum abermals in Goethes Haus, und ich sah ihn, diesmal mit seinem Sohne, im hohen Grade heiter und lebensfrisch mir entgegen kommen. Wir begrüßten uns wechselweise als solche, die sich lange nicht gesprochen, wobei ich in meinem Innern eine Art von Beschämung fühlte, daß ich ihn in vier Jahren nicht besucht und daß ich, trotz meiner wiederholten Träume von ihm, dem allgemeinen Gerücht Glauben geschenkt, daß er tot sei.

Goethe wie sein Sohn waren beide in Hüten und braunen Oberröcken und in ihren Bewegungen besonders rasch und rüstig. Sie machten mir den Eindruck von Männern, die nach langer Abwesenheit ihr Haus wieder betreten und die das Wiedersehen einer liebgewordenen Umgebung in eine heitere Aufregung versetzt hatte. Dabei war die Farbe ihrer Gesichter derart, als seien sie lange der freien Luft und dem Wind und Wetter ausgesetzt gewesen, durchaus frisch und vom kräftigsten Ausdruck.

Nachdem wir uns also auf das herzlichste begrüßt hatten und es mir nach der ersten Überraschung des Wiedersehens ein wenig bequem geworden, konnte ich nicht umhin, das allgemeine Gerücht von seinem Hinscheiden gegen Goethe in Erwähnung zu bringen. Die Leute meinen, rief ich ihm lachend zu, indem ich seine Hand faßte, Sie wären tot; ich habe aber immer gesagt, daß es nicht so sei, und sehe nun zu meiner großen Freude, daß ich recht hatte. Nicht wahr, Sie sind nicht tot? «Die närrischen Leute», erwiderte Goethe, indem er mich sehr schelmisch ansah, «tot? – was sollte ich tot sein! – Auf Reisen bin ich gewesen! Ich habe derweil viele Länder und Menschen gesehen; im letzten Jahre war ich in Schweden.» Dieses zu hören, erwiderte ich, ist mir unendlich lieb. Aber vor allen Dingen, ehe wir weiter reden, was sagen Sie zu meinen Gesprächen? Sie haben ohne Zweifel das Buch gelesen, und es liegt mir, wie Sie denken können, sehr viel daran, von Ihnen selbst zu hören, was Sie davon halten.

«Ich habe das Buch gelesen», erwiderte Goethe. «Ihr habt Eure Streiche nicht schlecht gemacht, und ich muß Euch loben. Auch unterwegs habe ich überall viel Gutes davon gehört; ja ein sehr gescheiter Mann äußerte sogar, daß meine Persönlichkeit darin vorteilhafter erscheine als in meinen eigenen Schriften. Er wollte von mir das Rätsel gelöset hören, worauf ich ihm erwiderte, es komme von der südlichen Beleuchtung.»

Ich war, wie man denken mag, durch diese Äußerung Goethes im hohen Grade beglückt; wiewohl mir der Ausdruck: südliche Beleuchtung ein wenig seltsam vorkommen wollte, so daß ich nicht recht wußte, was ich davon zu halten und was ich mir dabei zu denken hatte.

Goethe ging in sein Arbeitszimmer, um einige Geschäfte abzumachen, und ließ mich mit seinem Sohne alleine, mit dem ich allerlei heitere Gespräche über unsere italienische Reise führte. Ich öffnete darauf ein längliches braunes Kästchen mit verschiedenen Manuskripten, die ich nach und nach herausnahm, um sie dem jungen Goethe zu zeigen. Ich hatte ihm grade ein Heft von etwa vier geschriebenen Foliobogen in die Hände gegeben, als Goethe wieder herein- und zu uns herantrat. Es waren Skizzen zu ferneren Gesprächen mit seinem Vater, worin sehr viel korrigiert war, und die ich mir zu guter Zeit auszuführen vorgenommen. Goethe warf, seinem Sohn über die Schulter sehend, einen Blick in das Manuskript und nahm es ihm sodann aus den Händen, indem er darin weiter las und blätterte. «Hm!» sagte er, «das scheint interessant zu sein, das will ich mir doch ein wenig näher ansehen.» Und so ging er mit dem Hefte in sein Arbeitszimmer zurück und ließ uns beide abermals allein.

Ich unterhielt mich mit dem jungen Goethe auf das angenehmste fort, wobei ich zu meiner Freude bemerkte, daß sein inneres Wesen bei weitem geläuterter erschien, daß seine Ansichten von einer höheren Stufe geistiger Bildung herabkamen und daß zwischen ihm und seinem Vater überall ein (noch) innigeres Verhältnis statt fand als früher im Leben. Letzterer trat bald wieder herein und gesellte sich zu uns, indem er mir das Manuskript zurückgab und mir empfahl, die angedeuteten Gegenstände ausführlicher zu behandeln, damit sowohl das Überzeugende hineinkomme als auch einige Anmut. «Ein abgerissenes Faktum, eine nackte Äußerung», sagte er, «will nicht viel heißen; führen Sie aber den Leser in das Detail der Situation, in die näheren Umstände hinein, so ziehen Sie ihn in das Interesse des Gegenstandes, und er erfährt die Täuschung, als sei das geläuterte Wahre ein Wirkliches, das er in solcher Spiegelung zum zweiten Male mit zu erleben glaubt. In dem Gedruckten ist Ihnen manches dieser Art gelungen; sehen Sie zu, daß diese Andeutungen des Manuskripts jenem einigermaßen gleich kommen.»

Es war mir sehr lieb, durch so gute Worte Goethes mich zu ferneren Versuchen der Art getrieben und dadurch das früher Geleistete gewissermaßen sanktioniert zu sehen.

Wir lebten darauf die Nacht weiter miteinander fort, wobei es mir merkwürdig war, daß außer Goethe und seinem Sohn niemand weiter erschien, sowenig irgend jemand seiner eigenen Familie als irgend jemand seiner übrigen Freunde und Angehörigen; selbst nicht ein Diener ließ sich sehen.

Mit Anbruch des Tages war die Szene verändert. Wir hatten eine Stadt im Rücken und befanden uns an einem sehr breiten Strom, an einer Fährstelle, die zugleich als Ausladeplatz diente, wie an verschiedenen Kaufmannsgütern und aufgeschichteten tannenen Brettern zu sehen war. Einige Boote lagen auf dem Strande, als in der Ausbesserung begriffen oder ihrer bedürftig. Der breite Strom glänzte in dem Schein der anbrechenden Morgenröte, während hoch über uns in frischer Himmelsbläue die Halbscheibe des Mondes zu erbleichen begann. Die Luft war frisch und im hohen Grade erquicklich. Den Strom rechts hinab sah man in der Ferne auf dem Wasser und der weitausgedehnten Weidefläche einige Nebelstreifen, welche anfingen zu ziehen und sich leise zu erheben. Man sah ein kleines Boot mit drei bis vier Männern den Strom herabkommen und in einiger Ferne in einem Weidengebüsch anlegen, woraus ich schloß, daß es Schmuggler sein möchten, die ihre Waren in dem Gesträuch und Schilf bis zu gelegener Stunde versteckten.

Ich führte einiges kleines Gespräch mit dem jungen Goethe über das, was uns vor Augen war, während der alte keine Lippe öffnete, vielmehr sich mit der erwachenden morgendlichen Natur in stummer Betrachtung zu unterhalten schien.

Indes ward es am Strande immer lebendiger. Von der linken Seite her aus der hinter uns liegenden Stadt sah man abwechselnd verschiedene Leute kommen, einige ihrem Ansehen nach gleichfalls Reisende, andere Arbeiter, die am jenseitigen Ufer zu tun hatten und mit übergesetzt sein wollten. Sie traten in eine große Fähre, die zu diesem Zweck nicht weit von uns bereit lag und die sich nach und nach anfüllte.

Die Morgenröte fing bereits an der Helle zu weichen, die dem baldigen Erscheinen der Sonne vorangeht. Ein schöner Storch flog nahe an uns vorbei über den Strom hin nach den feuchten Niederungen des jenseitigen Ufers. Goethe sowohl wie sein Sohn bemerkten ihn. Der Storch fliegt schon nach Fröschen für seine Jungen, sagte der junge Goethe. Es ist Zeit, lieber Vater. Der Vogel fliegt rechts, es ist ein gutes Zeichen. Nun Doktor, gehabt Euch wohl! Es scheint Ihr wollt nicht mit? gelt! Ihr habt noch Geschäfte. Ja, sagte ich, sein geheimnisvolles Lächeln erwidernd, ich habe diesseits noch einiges zu tun. Und somit gab ich ihm die Hand und wünschte beiden wohl zu reisen. Goethe schritt nach der Fähre zu voran; er öffnete keine Lippe, es schien, als sei ihm das Reden verboten. Auch reichte er mir keine Hand. Ein sehr flüchtiger freundlicher Blick und ein geringes Zunicken während dem Einsteigen war das einzige Zeichen des Abschiedes.

Ich ging den sanft abschüssigen Strand wieder hinauf in die Nähe des ersten Hauses, wo ich stehen blieb, um von dieser geringen Höhe ihrer Fahrt über den Strom weiter nachzusehen. Hiebei bemerkte ich in meinen Gedanken als etwas Auffallendes, daß die übrigen Passagiere allerlei Bündel und Reisegepäck mit sich führten, während meine genannten edlen Freunde ohne alles Gepäck waren und überhaupt den Eindruck machten, als hätten sie keine leiblichen Bedürfnisse. Ich blickte ihnen nach so lange ich konnte. Es tat mir nicht leid, daß sie gingen, so wie ich auch an ihnen beim Abschiede keine Spur einer herzlichen Regung wahrgenommen hatte; es war alles, als ob es so sein müßte. Sie nahmen ihre Richtung nach Südosten, wo sich ein flaches Wiesen- und Weideland mit einigem sehr einladenden Gebüsch und Gehölz unabsehbar ausdehnte. Von Gebäuden in der Nähe und Turmspitzen in der Ferne war jedoch keine Spur, und ich machte daraus den Schluß, daß dies ein Land sei, das nicht von Menschen bewohnt werde.

Anhang

«Wer den Dichter will verstehen, muß in Dichters Lande gehen.»

Goethe starb vier Jahre, bevor das Zeitalter der Photographie begann. Es gibt keine photographische Aufnahme seiner Gesichtszüge. Was einer Photographie am nächsten kommt, ist die Weißersche Lebendmaske vom 13. Oktober 1807. Die Photographie war Goethe kein Begriff. Er hat das Wort meines Wissens nicht benutzt. Die Photographie als technische Möglichkeit hat ihn nicht beschäftigt. Der Abstand von ihm zu uns, die wir mit der Photographie leben, ist ungeheuer groß.

Im Nachwort zu diesem Buch, das die Augenwelt des Dichters mit den Mitteln der Photographie reproduziert, soll auch über die ungewöhnliche Verbindung Goethes mit diesem Medium Rechenschaft abgelegt werden. Darum möchte ich hier Geschichte und Konzeption des Buches erklären – und sagen, was es ist und was es nicht sein kann.

Die Idee entstand während eines Besuches in Weimar, den Eckart Kleßmann und ich im September 1974 unternahmen.

Wir kannten die Bilder der Schauplätze von Goethes Leben. Sie zeigen diese in der Regel als Gedenkstätten und Altäre. Der Versuch, Goethes Reisen in Bildern darzustellen, ist früher schon gemacht worden. Die dazu benutzten Illustrationen von verschiedenen Autoren, Zeitgenossen Goethes und anderen, geben jedoch nicht die visuelle Welt eines Einzelnen wieder. Sie versuchen nicht, mit Goethes Augen zu sehen. Der Versuch, Goethes Augenwelt mit «subjektiver Kamera» zu zeigen, ist noch nicht unternommen worden. Dies Buch ist der Versuch.

Nach dem Auftakt in Weimar 1974 vergingen anderthalb Jahre mit Planung, Probeaufnahmen und Verhandlungen. Auf der Suche nach Material für die photographische Umsetzung las ich mich gründlich in Goethes Werk ein und legte eine Kartei an, die alle herausgefilterten Motive umfaßte. Die Konzeption war eigentlich erst abgeschlossen, als ich den größeren Teil der Aufnahmen bereits gemacht hatte – nach der Begegnung mit der Realität. Eine alte Erfahrung.

Karlsbad: hier wohnte Goethe

Dreieinhalb Jahre sind eine lange Zeit für ein Thema, wenn man bedenkt, wie schnellebig die Welt der Photographie ist und wie immer mehr Photographien immer schneller gemacht werden. Die Beschäftigung mit anderen Themen war mir dreieinhalb Jahre unerwünscht und nur in zwei Ausnahmen möglich. Diese Zeit war auch ein unersetzbarer Anlaß, mich mit dem Werk eines Autors vertraut zu machen, der mir nach unbefriedigenden Begegnungen in der Schulzeit weitgehend unbekannt geblieben war.

Die «Wahrheit der fünf Sinne» prägt die Texte und Zeichnungen Goethes, die ich als Arbeitsvorlagen benutzte. In der öden Champagne, auf dem Bastberg bei Straßburg, in der Villa Pallagonia hatte ich Déjà-vu-Erlebnisse: «et in Arcadia ego».

Das Unvermögen, sich zwischen Worten und Bildern zu entscheiden, das Goethe bis zu seinem Besuch bei Philipp Hackert 1787 irritierte und gleichzeitig anregte, ist auch eine meiner unbewältigten Lebenskonstanten. In diesem Fall war sie mir förderlich.

Gleichzeitig habe ich als günstig empfunden, daß mich Goethes Spuren nicht nur in ausgetretene Pfade, sondern mehr abseits zu Entdeckungen führten – ähnlich vielleicht wie der Ruf von Florenz als bedeutender Sehenswürdigkeit Goethe so belastet hatte, daß er am 23. 10. 1786 die Stadt nur durcheilte und sein wesentliches Erlebnis der Blick von Norden (S. 90/91) blieb.

Dieses Buch ist sodann ein Versuch, zur Beschreibung von Goethes Leben beizutragen. Seine Biographie wird für neue Leser-Generationen immer neu geschrieben werden. Er ist ein unerschöpflicher Autor, dem jede Zeit das Ihrige entnehmen kann: Grund genug, die Photographie als Medium der Biographie zu nutzen.

Von einem seiner Zeitgenossen ist Goethe mit quasi photographischem Blick betrachtet worden, von Johann Peter Eckermann. Seine Genauigkeit und Unterordnung unter den Gegenstand seiner Aufmerksamkeit – von Goethe geschätzt und ausgenutzt – sollte eine Tugend von Biographen wie Photographen sein.

Diese Tugend prägt, über ein Jahrhundert später, auch Johannes Urzidils Werk «Goethe in Böhmen». Leider ist Böhmen von allen Gegenden, die ich auf den Spuren Goethes bereist habe, eine der am stärksten entstellten und ihrer ursprünglichen Form entfremdeten. Böhmen wird heute vom Braunkohlentagbau geprägt und befindet sich, was die interessierenden Gebäude angeht, in einem Verfall, der schmerzlich zu sehen ist. Trotz Goethes Bindungen an Böhmen und der Vorarbeit von Urzidil ist deshalb die Zahl der Bilder aus Böhmen in diesem Buch so gering.

Korrekturen an einem lange gepflegten Goethe-Bild waren auch hier notwendig. Tischbeins allzusehr von der Bewunderung für seinen römischen Freund getragenes und sehr verbreitetes Bild suggeriert eine Haltung des Reisenden Goethe, die seiner tatsächlichen nicht entspricht – olympierhaft, müßig in eine ihm zum Genuß dienende Landschaft hingelagert, in kostbarer Kleidung, auf Bedienung wartend. In der «Campagne in Frankreich» berichtet Goethe, wie es wirklich war:

«Den 7. und 8. Oktober

Wir hatten über die Maas gesetzt und den Weg eingeschlagen, der aus den Niederlanden nach Verdun führt; das Wetter war furchtbarer als je, wir lagerten bei Consenvoye. Die Unbequemlichkeit, ja das Unheil stiegen aufs höchste, die Zelte durchnäßt, sonst kein Schirm, kein Obdach; man wußte nicht, wohin man sich wenden sollte; noch immer fehlte mein Wagen und ich entbehrte das Notwendigste. Konnte man sich auch unter einem Zelte bergen, so war doch an keine Ruhestelle zu denken. Wie sehnte man sich nicht nach Stroh, ja nach irgendeinem Brettstück, und zuletzt blieb doch nichts übrig, als sich auf den kalten feuchten Boden niederzulegen.

Nun hatte ich aber schon in vorigen gleichen Fällen mir ein praktisches Hülfsmittel ersonnen, wie solche Not zu überdauern sei; ich stand nämlich so lange auf den Füßen, bis die Kniee zusammen brachen, dann setzt' ich mich auf einen Feldstuhl, wo ich hartnäckig verweilte, bis ich niederzusinken glaubte, da denn jede Stelle, wo man sich horizontal ausstrecken konnte, höchst willkommen war. Wie also Hunger das beste Gewürz bleibt, so wird Müdigkeit der herrlichste Schlaftrunk sein.»

Wie ein Reporter nahm Goethe, als rastloser Frühaufsteher, das Geschehen um ihn wahr: er wußte das entstehende und vergehende Tageslicht zu schätzen, wie ich es für viele Bilder nicht nur aus praktischen Gründen bevorzugt habe.

Ein Zeitgenosse Goethes hätte eine Zusammenschau seiner visuellen Welt nicht liefern können, wie Eckart Kleßmann und ich sie 1974 vermißten und wie sie nun vorliegt. Das zeitgenössische Bildmaterial hat ohnehin den Nachteil, uns Goethes Welt nicht näherzubringen, sondern sie im Abstand der anderthalb Jahrhunderte zu belassen. Einige der Lebensbereiche Goethes waren wohl auch zu seinen Lebzeiten der Darstellung entzogen. So bezweifle ich, daß Goethe Aufnahmen von seinen Visitenkarten (S. 175) und von

Wetzlar, Haus am Kornmarkt 10, vor ...

seinem Schlafzimmer (S. 187) zugelassen hätte.

Goethes *menschliche* Umwelt hingegen kann nur Gegenstand der Darstellung durch seine Zeitgenossen sein, nicht aber der Photographie.

Photographie ist unumgänglich zeitgenössische Darstellung. Es ist nun einmal nicht möglich, aus der Erinnerung zu photographieren. Dieses Buch ist denn auch nur – mag es auch anders scheinen – eine Bestandsaufnahme der Welt Goethes, soweit sie in unseren Jahren noch existiert. Dieser Rahmen scheint prima vista enger, als er ist. Er hat sich jedoch als brauchbare Arbeitshypothese erwiesen. Meine Aufnahmen konservieren die seit 1832 erhaltenen Spuren von Goethe und seiner Welt weiter für eine Zeit, in der auch ihre letzten Reste getilgt und nur noch Gegenstand archäologischer Forschung sein werden. Sie werden weiter altern und vergehen. Die konservierende, wie ein perfektes Gedächtnis wirkende Kraft der Photographie wird ihren Verfall nur so lange aufhalten, wie sie selbst besteht. Schon während der Zeit, in der ich an diesen Aufnahmen arbeitete, sind mehrere dieser Spuren verschwunden: so z. B. das Haus am Kornmarkt Nr. 10 in Wetzlar, das am 6. Sept. 1976 abgerissen wurde.

Insgesamt besteht dieses Buch aus drei Kategorien von Bildern:

1. Bilder, die mit dem Mittel der subjektiven Kamera die Welt Goethes zeigen, so wie er sie sah, beschrieb und zeichnete. Sie sind Repliken der Texte, keine Fantasiestücke in Goethes Manier. Die heutige Welt bleibt außerhalb des Bildes. Beispiele dieser Art sind die auf S. 28, 58/59, 77.

2. Bilder, die keine direkte textliche Entsprechung haben, die aber im Geist der Goethezeit aufgenommen worden sind: Die Gegenwart ist nur als Einsprengsel vorhanden: S. 29, 31, 46 usf. Eigentlich gehören alle Bilder von Weimar dazu, das Goethe kaum beschrieben hat, obwohl er 57 Jahre dort wohnte.

3. Bilder, in denen die Elemente der heutigen Welt überwiegen und die damit Dokumente der Veränderung und Entstellung sind. Genaugenommen gehören auch die Bilder von Goethes Vaterhaus (S. 13), des «Lottehauses» in Wetzlar (S. 17) und des Hauses am Frauenplan in Weimar (S. 154) zu dieser Kategorie: sie alle wurden im Zweiten Weltkrieg ganz oder teilweise zerstört, und was auf den Bildern zu sehen ist, sind nur Faksimilia. Über die Entstehung von fünf der insgesamt 104

... und nach dem Abbruch

Bilder das Folgende: Der Brocken (Bild S. 32/33), von Goethe in mehreren Briefen sowie der «Walpurgisnacht» erwähnt und 1777 gezeichnet, war ein Motiv, auf das ich nicht verzichten konnte. Die Grenze macht ihn zur Zeit unerreichbar.

Mehr als nur einen Ersatz für die Aussicht vom Brocken – «rings die ganze Welt in Wolcken und Nebel» (an Charlotte v. Stein, 10./15. Dez. 1777) – bot mir der Blick von der 5 km entfernten Achtermannshöhe. Goethe hat sie 1784 mit dem Bergkommissionsrat v. Trebra in einer nächtlichen Wanderung bestiegen.

Dieser Blick von der Achtermannshöhe ermöglichte es mir, dreierlei in einem Bild zusammenzufassen:

1. einen wichtigen Gegenstand der wissenschaftlichen Interessen Goethes, den Granit im Vordergrund
2. ein charakteristisches Element der Harzlandschaft, den schwarzen Wald im Mittelgrund
3. den Brocken selbst im Hintergrund.

Tagsüber, bei höher stehender Sonne, fehlte dieser Brockenlandschaft die kennzeichnende Staffelung und Struktur. Ich nahm sie daher beim ersten Tageslicht auf, wie es der Schilderung v. Trebras (abgedruckt im Jahrbuch der Goethe-Gesellschaft IX) am ehesten entspricht. Ich brach um 01.00 von Altenau auf und fuhr bis zur Kreuzung der Bundesstraßen 4 und 242. Zu Fuß erreichte ich den Gipfel der Achtermannshöhe um 03.45 Uhr. Mir blieb dann noch genügend Zeit, die wunderbaren Momente zu genießen, in denen sich der Tag ankündigt, zuerst unmerklich und dann deutlich wahrnehmbar. Diese einsamen Stunden sind mir unvergeßlich als Inbegriff der Arbeit an meinem Buch. Ich wiederholte meinen Aufstieg an mehreren aufeinanderfolgenden Tagen und machte bei wechselnder Bewölkung immer neue und andere Aufnahmen. Bei der Auswahl der Bilder gab ich demjenigen den Vorzug, in dem eine langgezogene Wolke über dem Brocken das grelle Gegenlicht der Sonne dämpft und der Vordergrund gut durchgezeichnet ist.

Florenz (Bild S. 90/91) ist – wie Taormina – für Goethes Augenwelt von nur begrenzter Wichtigkeit gewesen. Er zögerte, sich so kurz vor Rom noch mit einer Besichtigung aufzuhalten. Sein erster Blick auf Florenz und die Toscana am 23. Oktober 1786 hat aber etwas von einer Offenbarung. Ich wollte daher das Motiv nicht einfach auslassen. Der bekannte Blick auf Florenz von San Miniato al Monte hatte für mich doch zu sehr Postkarten-Charakter. Ich arbeitete daher nur noch an einer Ansicht auf Florenz von Norden, so wie Goethe die Stadt zuerst erblickt hatte. Immer, wenn ich mich in Florenz aufhielt oder auch nur durchreiste, machte ich neue Bilder von einem Standpunkt in der Nähe der Villa Iris an der Straße nach Fiesole.

Goethe hat die Cestius-Pyramide (Bild S. 108/109) auf dem Cimitero Accatolico in Rom mehrfach im Mondlicht gezeichnet. Heute ist sie nicht mehr in ähnlicher Weise photographierbar: Die Lichter Roms und vor allem des Verkehrs um die Porta S. Paolo überstrahlen den schwachen Glanz auf dem Marmor der Pyramide, der in der Zeichnung so magisch wirkt. Um ein photographisches Äquivalent zu Goethes Zeichnung herzustellen, nahm ich die Pyramide bei winterlich tiefstehender Sonne kurz nach 15.00 Uhr auf, als sie bis zu ihrem Fuß ausgeleuchtet war und ihre gesamte Umgebung um mehrere Blendenwerte an Helligkeit übertraf. Auf diese Weise kam der quasi nächtliche Eindruck zustande.

Das Problem eines stellvertretenden Bildes stellte sich auch bei dem Ätna-Nebengipfel Monte Rosso, den Goethe am 5. Mai 1787 besucht hat. Er ist heute nicht mehr tätig. Um einen Begriff dessen zu geben, was Goethe dort hatte sehen wollen, blieb mir nur übrig, den rauchenden Gipfel des Ätna selbst zu zeigen (Bild S. 119). Die Besteigung des 3269 m hohen Gipfels am 18. Februar 1977 wurde wegen eines heftigen Sturms, der glühenden Sonne und der dünnen Luft mühsamer als erwartet. Die warme Lava hatte Höhlungen unter der Schneedecke geschaffen, in die ich häufig bis zu den Hüften einbrach. Der wiederholten Versuchung umzukehren, folgte ich nicht, um die bis dahin zurückgelegte Strecke nicht vergeblich gegangen zu sein. Als ich den Gipfel erreichte und meine Aufnahmen machte, stand die Sonne schon tief, und als ich meinen Abstieg begann, ging sie unter. Mein Weg abwärts zum Rifugio Sapienza in 1935 m Höhe war ein riskantes Abenteuer, weil ich kaum noch erkennen konnte, wohin ich trat, und lange Strecken unkontrolliert rutschte. Ich kam mit zerrissenen Stiefeln bei meinem Auto an, zufrieden darüber, daß ich nicht aufgegeben hatte. Allerdings war ich auch überzeugt, daß mein Tun der bergsteigerischen Vernunft widersprach.

Die beiden Schlußbilder des Buches (S. 188, 189 und 190) sind ein Ergebnis auch des Glücks, über das ich mich oft genug zu wundern hatte und auf das mich zu verlassen ich gelegentlich versucht war.

Ich wollte Weimar im Schnee photographieren. Aber der Anfang Januar 1977 gefallene Schnee war längst getaut, als ich Ende des Monats mein Visum bekam. Die Aufnahmen, die ich zunächst machen konnte, waren nicht das, was ich eigentlich suchte und mir als Schluß des Buches vorstellte: einen Kontrapunkt zum sommerlichen Umschlagbild. Er sollte durch suggestive Leere wirken.

In den frühen Morgenstunden meines Abreisetages schneite es kurz, und ich machte genau die Bilder, die ich wollte, noch bevor jemand den Weg an der Ilm begehen und der Schnee schmelzen konnte.

Aber auch die nicht gemachten Bilder sollen hier erwähnt werden:

Wenn jede Photographie aus einzeln aufzählbaren und benennbaren Elementen und ihren Beziehungen zueinander besteht, dann ist das allgemeine Charakteristikum der Bilder dieses Buches, daß die meisten ihrer Komponenten entweder von Goethe benannt sind oder seiner Welt angehören. Seiner Nachwelt, unserer Gegenwart, darf nur die Minderzahl ihrer Komponenten angehören.

Bilder, die diesen Regeln nicht entsprechen, habe ich entweder gar nicht gemacht oder später ausgesondert. Einige der letzteren finden sich in diesem Nachwort.

Goethes äußere Welt befindet sich im Zustand der inneren und äußeren Deformation. Ein durch Einsprengsel der Gegenwart – z. B. Autos oder Neubauten – nicht getrübter Blick auf sie bildet die große Ausnahme.

Einige Gegenden, in denen Goethe einst anwesend war, sind so sehr deformiert, die Elemente der Gegenwart überwiegen in ihnen so sehr, daß Goethes Umgebung dort nur in Ausnahmefällen

Blick auf Agrigento

Rom: hier wohnte Goethe

noch photographierbar war. Eine Aufnahme hätte das Gegenteil von dem geleistet, was sie bewirken soll: den Leser aus unserer in Goethes Zeit zurückzuführen. Die Photographie ist eben keine Zeitmaschine. In stark urbanisierten Gegenden waren nur in seltenen Fällen Aufnahmen möglich. Von Goethes Frankfurt ist außer dem einen Haus nichts geblieben. Die technische Revolution, der Bombenkrieg und der auf seine Weise zerstörerische Wiederaufbau nach 1945 haben sich hier am stärksten ausgewirkt.

Von der einstigen Gerbermühle bei Frankfurt, die Goethe 1814/1815 mehrfach aufsuchte, wäre nur noch eine Abbildung des jetzt dort befindlichen Schlachthofes denkbar, mit einer irreführenden Unterschrift wie « hier weilte Goethe ».

Die Gegend bei Weinheim, welche Goethe in einem Brief an Christiane vom 10. Oktober 1814 als « köstlich » bezeichnet, fällt heute nur noch durch ihre gesichtslosen, gleichförmigen Neubauten auf. Das unweit gelegene Schloß Schwetzingen und sein Park hingegen stehen noch heute dem Geist der Goethezeit näher und hätten eine Aufnahme gerechtfertigt, wenn Goethes Beziehungen zu Schwetzingen über einen flüchtigen Besuch hinausgegangen wären.

Aus kleinen, von den Aktivitäten der Fürstenfamilie geprägten Residenzen sind in der Regel heute Durchgangsstraßen mit vielen Geschäften und geparkten Autos geworden, die, der vergänglichsten Mode unterworfen, deutlicher als alles andere das Jahr der Aufnahme verraten. Beispiel: Buchsweiler im Elsaß, das Goethe 1770 besucht hat. Auch der von Goethe am 3. September 1814 so präzise beschriebene Blick vom Altan auf dem Niederwald hat heute einen ganz anderen Inhalt.

In dem, was seine Bauten angeht, so erstaunlich dem Geist der Goethezeit treu gebliebenen Weimar erweist sich die mit großem Aufwand konservierte und immer wieder erneuerte Goethezeit-Oberfläche gerade durch ihre Instandhaltung als Produkt unserer Zeit.

Die Entscheidung über die Realisierbarkeit einer Aufnahme war in dem von Goethe gesetzten Rahmen und nach den äußerlichen Gegebenheiten zu fällen. Diese konnte ich stets nur vor Ort überprüfen. Es ergab sich, daß meine Kartei, die ungefähr 420 Orte und Motive umfaßte, nach Augenschein auf weniger als 200 zusammenschmolz, die Anzahl Motive, die ich tatsächlich aufnahm. Diese Bilderfolge ist eben keine Aufzählung aller Goethe-Heiligtümer und -Fetische oder aller Gasthöfe und Schlösser, in denen er «weilte».

Die vielerorts angebrachten Gedenkplatten und die Gedenkstätten wären ein Thema für sich. Mit einer Ausnahme sind sie kein Bestandteil von Goethes Welt gewesen und daher nicht aufgenommen worden. Mit dem Material für jedes der Kapitel dieses Buches, das dem Reduktionsprozeß zum Opfer fiel, wäre ein ganzes Buch zu füllen gewesen.

Bestimmte Motive habe ich nicht aufgenommen, wenn zu erwarten war, daß die Bilder den zugehörigen Goethe-Text in seiner Wirkung nur beeinträchtigen würden. Zum Beispiel: «Reise von Heidelberg über Heilbronn und Ludwigsburg nach Stuttgart» von 1797: Die Photographien würden ihr nur den Reiz nehmen, den sie als Lektüre hat. Die schönen alten Pappelalleen – Goethe erwähnt sie fünfmal zwischen Heidelberg und Heilbronn – treten heute nicht mehr in dem Maße hervor, wie sie ihm damals auffielen. Goethes Schilderung ist anschaulich genug und bedarf nicht der photographischen Dimension. Ich überlasse diesen Text und einige andere weiterhin der Phantasie des Lesers.

Goethe hat viele Ereignisse seines Lebens unerwähnt gelassen. Er hat z. B. nur selten notiert, was er aß und trank. Aber er hat mit Genauigkeit festgehalten, was er sah, und seine Notizen durch Zeichnungen ergänzt. Sein visuelles Gedächtnis hat vieles mehr als die Motive umfaßt, die mir als Grundlage für meine Photographien dienten. Ich habe den Eindruck, daß ihm die italienische Reise zur Anlage eines Fundus von visuellen Erlebnissen diente, von dem er bis in seine späten Jahre hinein zehrte, als er seine nähere Umgebung nicht mehr verließ. Die Art, in der er das Gesehene in Zeichnungen festhielt, gleicht der Art, mit der man heute mit der Kamera Notizen macht. Christoph Heinrich Kniep nahm er 1787 wie einen Photographen mit, der für ihn Aufnahmen machen sollte. Der Reisende Goethe war ein talentierter Reporter.

Die Schloßbrücke in Weimar einst (1800) ...

Seine Zeichnungen zeigen vorzugsweise Bauwerke, Natur und unbelebte Landschaft, nicht aber seine menschliche Umwelt, und entsprechen damit den Beschränkungen, zu denen ich – aus anderen Gründen – gezwungen war. Goethe achtete, wie die Zeichnungen belegen, aufmerksam auf Erscheinungen und Formen des Lichts. Das Licht des Mondes zog ihn an, er zeichnete die Cestius-Pyramide auf dem Cimitero Accatolico in Rom (S. 108/109) im Mondschein. Seinen Abschied von Rom 1788 läßt er unter einem erhabenen und gewaltigen Mond stattfinden.

In gewissem Sinne sind alle Bilder dieses Buches Nachbilder, wie sie bleiben, wenn man die Augen schließt. Sie sind natürlich Bilder, die der Sehweise des Autors entsprechen. Aber dieser hat sich für seinen speziellen Zweck Goethes Sehweise zu eigen zu machen versucht. Allein darin ist die Authentizität der Bilder zu suchen.

Die Bilder sind durch die Abwesenheit Goethes geprägt. Ihre evokative Leere ist keineswegs eine in Kauf genommene Qualität, sondern Absicht und Thema des Buches. Sie sollen so wirken, da sie nur so wirken können. Die Welt Goethes wird hier nicht mit den Augen einer Gemeinschaft von Lebenden, von Goethes Zeitgenossen gesehen, sondern mit denen seiner Nachwelt. Die Bilder zeigen die leeren Schauplätze seines Lebens, eine verdinglichte, nur noch erinnerte Welt, aus der die Personen, die sie schufen und belebten, ausgestorben sind. Die Bilder zeigen, was überlebte und übrigblieb.

Auch wenn die Vergangenheit Thema dieses Buches ist, so bleibt der Gegenstand seiner Bilder die Gegenwart: die der Jahre 1974–1978. Ich habe die Verklammerung der Photographie mit der Gegenwart akzeptiert und auf jede Inszenierung von Goethes Umwelt und visueller Erfahrung verzichtet, wie sie in Verfilmungen literarischer Vorwürfe üblich ist. Thema der Bilder ist aber, wenn auch unausgesprochen, auch die Vergänglichkeit. Bei einem Vergleich von Veduten des 17. und 18. Jahrhunderts mit Photographien von heute wird dies deutlich. Die größte Überraschung war für mich, unverändert Gleichgebliebenes vorzufinden.

Ich habe dieses Buch in einer unzeitgemäß konventionellen Sehweise photographiert, während die Kunstphotographie (zu der ich Distanz halte) sich von den Gegenständen abwendet. Ich möchte mein Mißtrauen gegenüber der Kunstphotographie erläutern. Die Kunstphotographie ist eine endemische Erscheinung, die in Zeiten der Unsicherheit über Eigenwert und Grenzen der Photographie blüht. Sie gefällt sich in Abstraktion,

... und jetzt

weil der der Photographie innewohnende Zwang zur Objektivität ein zu hoher Anspruch geworden ist. Subjektivität, «private reality» und deutlicher Realitätsverlust bezeichnen ihre regressive Tendenz. Die bildende Kunst besinnt sich derweil wieder auf die Realität, nicht zuletzt durch die Photographie dazu angeregt. Der kuriose Wunsch der Photographen, als «Künstler» anerkannt zu werden, die Spätfolgen eines Minderwertigkeitskomplexes aus der Frühzeit der Photographie, spielen dabei eine Rolle. Es ist nicht zu erwarten, daß die Photographie, die mit der Kunst in eine überflüssige Konkurrenz getreten ist, nur deshalb anerkannt wird, weil sie sich bemüht, sich selbst so unähnlich wie möglich und dadurch der Kunst vielleicht ähnlich zu sein. Die enge Anbindung der Photographie an ihren Gegenstand ist eine belastende Verpflichtung; begreiflich, daß mancher sich ihr zu entziehen versucht. Der Autor bezieht in der Frage, ob Photographie Kunst sei, nicht Stellung, da er die Frage wie die Antworten für gleich überflüssig und nichts bewirkend hält.

Et in Arcadia ego – die persönliche Anwesenheit ist die conditio sine qua non der Photographie. Die Photographie lebt in einer unauflöslichen Ehe mit der Gegenwart, ihrer unsterblichen Muse. Es fragt sich, ob die Gegenwart nicht überhaupt das einzig Interessierende an der Photographie ist. Sie führt der Photographie, dabei stets ihre Rechte fordernd, immer neuen Stoff, immer neue Themen, immer neue Gegenstände menschlicher und sachlicher Natur zu. Die 142jährige Geschichte der Photographie ist nur deshalb so reich, weil sie erkennbar stets ihre Gegenwart erfaßt hat.

Beim Photographieren von Landschaften gibt es einen «moment décisif»: den Moment, wo alle Komponenten übereinstimmen und das Bild zur Einheit werden lassen. Der Lebensrhythmus einer Landschaft ist langsam. An uns gemessen, erscheint sie fast unveränderlich. Nur zur Zeit der Übergänge zwischen Tag und Nacht und Nacht und Tag vollziehen sich in ihr Veränderungen, die zu großer Eile nötigen. Im «moment décisif» an der richtigen Stelle zu sein erfordert die gleiche geistige und körperliche Präsenz wie die Aufnahme schnell beweglicher Objekte. Ich habe eigentlich nie mehr eilen müssen, als um zur Zeit des entstehenden und vergehenden Tageslichtes bestimmte Punkte zu erreichen, die das Schauspiel vor meinen Augen in die beabsichtigte Ordnung brachten. Photographie ist Aufzeichnung des Lichtes. Der Photograph kann die Landschaft nicht inszenieren, er kann nur durch eigene Bewegung den Blickpunkt und damit die Landschaft verändern. Das Licht über der Landschaft, das sie durchdringt und belebt, ist in unaufhörlicher Bewegung. Ich kenne keine schönere Tätigkeit, als der Dramaturgie des Lichtes in der Landschaft zu folgen. Das mit Gelingen zu tun, bedarf es neben der eigenen Bereitschaft auch des unerläßlichen Glücks, auf das ich mich bei vielen meiner Bilder berufen muß.

Michael Ruetz, März 1978

Anmerkungen zur Technik und zu den Aufnahmen:

Die Geheimnisse der Photographie sind nicht die ihrer Technik. Dennoch ist die Technik nicht Nebensache, sondern Basis. Sie ist der stille Teilhaber des Bilderproduzenten. In dieser Eigenschaft wird sie hier erwähnt. Allerdings ist dies nicht der geeignete Ort, alle benutzten Geräte und Materialien aufzuführen; das ist speziellen Publikationen vorbehalten.

Der Photograph und die moderne photographische Technik befinden sich in gegenseitiger Abhängigkeit. So sehr diese Technik, die ihrem Benutzer zur Verfügung steht, sich auch verselbständigt hat, so sehr birgt sie auch Möglichkeiten zur Abweichung von den Intentionen des Photographen. Daher ist ihre Zuverlässigkeit vor Ort von großer Wichtigkeit, denn in der Regel befindet sich der Photograph beim Auswerten seiner Aufnahmen schon weit vom Aufnahmeort und kann sie nicht ohne weiteres neu machen.

Die Bilder dieses Buches sind fast ausschließlich mit der Leica M 4 und der Leicaflex SL 2 sowie den dazugehörigen Objektiven der Brennweiten 15 bis 560 mm aufgenommen worden. Auf die Geräte war in jeder Hinsicht Verlaß.

Das benutzte Filmmaterial, Kodak Pan F, Plus X, Tri X und Kodachrome II, 25, 64 und Ektachrome X haben die gleiche Zuverlässigkeit wie die Kameras und Objektive bewiesen.

Ich bin, viel komfortabler als Goethe reisend, von Hamburg aus in den Harz, nach Thüringen, nach West- und Süddeutschland, ins Elsaß und nach Valmy, in die Schweiz, nach Oberitalien, Rom und Sizilien über 90000 km mit dem Auto gefahren, habe 155 Tage ausschließlich photographiert und dabei über 200 Schwarzweißfilme und 450 Farbfilme belichtet.

Textnachweise

Die folgenden *Textnachweise* für Zitate aus Goethes Werken, Briefen und Gesprächen werden in der Reihenfolge ihres Vorkommens in vorliegendem Band aufgeführt. An die Zahl der Seite, auf der sie stehen, schließt sich der in Anführung stehende Beginn des Zitats an, gefolgt von der näheren Bezeichnung des Werks, Briefes oder Gesprächs, dem es entnommen wurde, sowie von dem in Klammern gesetzten Hinweis auf Bandnummer und Seitenzahl der von Ernst Beutler herausgegebenen *Artemis-Gedenkausgabe der Werke, Briefe und Gespräche* (Zürich 1948–1964). Die *Ergänzungsbände* zu dieser Ausgabe sind wie folgt aufgeführt:
E = Johann Caspar Goethe / Cornelia Goethe / Catharina Elisabeth Goethe: *Briefe aus dem Elternhaus.* Erster Ergänzungsband der Goethe-Gedenkausgabe. Hg. von Wolfgang Pfeiffer-Belli, mit Einführungen von Ernst Beutler. Zürich 1960
Tgb = Johann Wolfgang Goethe: *Tagebücher.* Zweiter Ergänzungsband der Goethe-Gedenkausgabe. Hg. von P. Boerner. Zürich 1964
Ferner wird aus folgender Quelle zitiert:
B = *Goethes Gespräche.* Eine Sammlung zeitgenössischer Berichte aus seinem Umgang. Auf Grund der Ausgabe und des Nachlasses von Flodoard Freiherrn von Biedermann. Ergänzt und herausgegeben von Wolfgang Herwig. Bände I, II, III/1 und III/2. Zürich 1965–1972
Zusätzlich benützte Quellen werden jeweils an Ort und Stelle nachgewiesen.

7 «Dreimal glücklich ...» Wilhelm Meisters Lehrjahre, 3. Buch, 2. Kap. (7, 165)
9 «ein junger Herr ...» H. v. Hofmannsthal: Der Rosenkavalier, in: Lustspiele I, Frankfurt 1947, S. 285
«Ich fühlte mich ...» Zu Eckermann, 26. Sept. 1827 (24, 647 f.)
«Wo kam ...» Zahme Xenien aus dem Nachlaß (2, 412)
«Es war überall ...» Zu Eckermann, 18. Februar 1829 (24, 319)
«Wie an dem Tag ...» Urworte · Orphisch (1, 523)
10 «... und das Gesetz ...» Was wir bringen · Lauchstädt (3, 623)
«ein vom Glück ...» Zu Eckermann, 27. Januar 1824 (24, 83)
«Lieber eine Ungerechtigkeit ...» Belagerung von Mainz, 27. Juli 1793 (12, 456)
11 «Lange leben ...» An J. F. H. Schlosser, 17. Mai 1819 (21, 330)
«Goethe hat ...» Wieland an Merck, 24. Juli 1776 (B I, 218 f.)
«Goethe verursacht ...» A. Diezmann: Goethe und die lustige Zeit in Weimar, Weimar 1926, S. 63
12 «Der göttliche Mensch ...» Diezmann a. a. O., S. 13
«Er hat mir anfänglich ...» Zu Eckermann, 23. Oktober 1828 (24, 701)
«Ich bleibe hier ...» An J. Fahlmer, 19. Februar 1776 (18, 309)
«Ich bin nun ganz ...» An J. C. Lavater, 6. März 1776 (18, 313)
«Zuletzt ging ich ...» An Chr. v. Goethe, 29. Juli 1814 (21, 11)
14 «An diesem Brunnen ...» Bild des elterlichen Hauses zu Frankfurt am Main (2, 149)
16 «Ihro Durchlaucht ...» (E 455)
18 «klein und übelgebaut ...» Dichtung und Wahrheit, 3. Teil, 12. Buch (10, 581)
22 «wohlgelegenen Schlössern ...» Dichtung und Wahrheit, 3. Teil, 13. Buch (10, 609)
«Ich wanderte ...» Dichtung und Wahrheit, 3. Teil, 13. Buch (10, 608)
«Liebes Kind ...» Zu Eckermann, 6. April 1829 (24, 340)
24 «Ich hatte mein Gepäck ...» Dichtung und Wahrheit, 3. Teil, 13. Buch (10, 608)
26 «eiligst ...» Dichtung und Wahrheit, 2. Teil, 9. Buch (10, 392)
«Mit welcher unerwarteten ...» Von deutscher Baukunst (13, 21)
27 «Herabgestiegen ...» Dichtung und Wahrheit, 2. Teil, 9. Buch (10, 393)
28 «Soll ich dir ...» West-östlicher Divan, Buch der Sprüche (3, 338)
29 «sechs Stunden von Straßburg ...» Dichtung und Wahrheit, 2. Teil, 10. Buch (10, 471)
«Liebe, liebe Freundin ...» An F. Brion, 15. Oktober 1770 (18, 151)
«Mir war sehr übel ...» Dichtung und Wahrheit, 3. Teil, 11. Buch (10, 547)
«Die zweite Tochter ...» An Ch. v. Stein, 24. September 1779 (18, 444)
30 «Reichsstadt ...» Tagebuch, 7. Dezember 1777 (Tgb 54)
«Hier bin ich ...» An Ch. v. Stein, 4. Dezember 1777 (18, 377)
«Früh gegen sieben ...» Tagebuch, 29. November 1777 (Tgb 53)
«Wie sehr ich ...» An Ch. v. Stein, 4. Dezember 1777 (18, 377)
«Alle seine wiederholten ...» Über Kunst und Altertum 1821 (2, 592)
«Felsen und Bergweg ...» Tagebuch, 1. Dezember 1777 (Tgb 54)
«Dem Geier gleich ...» Harzreise im Winter (1, 309)
«Ich hab's nicht geglaubt ...» An Ch. v. Stein, 10./11. Dezember 1777 (18, 384)
«Heitrer ehrlicher ...» Tagebuch, 10. Dezember 1777 (Tgb 55)
«Der Nutzen ...» An Ch. v. Stein, 7./9. Dezember 1777 (18, 380)
«Abstrus ...» Tag- und Jahreshefte 1820 (11, 927)
32 «Nun, Liebste ...» An Ch. v. Stein, 10./11. Dezember 1777 (18, 383)
34 «In Dickichts-Schauer ...» Harzreise im Winter (1, 309)

57 «Wen nicht große Zwecke ...» Zu Eckermann, 22. Februar 1824 (24, 85)
39 «Müd und munter ...» Tagebuch, 16. Juni 1775 (Tgb 10)
«Des Wasserfalls ...» Tagebuch, 18. Juni 1775 (Tgb 10)
«Allmächtig ...» Tagebuch, 21. Juni 1775 (Tgb 11)
«Mir ist's wohl ...» An S. v. La Roche, 27. Juli 1775 (18, 272)
«Ich bin wieder ...» An C. v. Knebel, 1. August 1775 (18, 277)
40 «Wär ich allein ...» An Ch. v. Stein, 9. Oktober 1779 (18, 449)
«Mit unsäglichem Glück ...» An F. H. v. Einsiedel?, 29. November 1779 (18, 465)
«Man wünschte ...» Briefe aus der Schweiz 1779, 8. November (12, 38)
«Ich bemerke ...» Briefe aus der Schweiz 1779, 9. November (12, 43 f.)
41 «dezidierte Nichtchrist ...» An J. C. Lavater, 29. Juli 1782 (18, 680)
«Für einen Reisenden ...» An Schiller, 12. August 1797 (20, 392)
42 «Wäre die Jahreszeit ...» An Schiller, 25. Oktober 1797 (20, 445)
«Ich war ein anderer ...» An Schiller, 14. Oktober 1797 (20, 438)
«Was werden Sie ...» An Schiller, 14. Oktober 1797 (20, 440)
«Im Dämmerschein ...» Faust II, 1. Akt, Vers 4686–4727 (5, 293 f.)
43 «Nun soll es ...» An Schiller, 25. September 1797 (12, 187)
«gestaltlosen Großheit ...» Reise in die Schweiz 1797, 30. September (12, 198)
«Diese reizende ...» Zu Eckermann, 6. Mai 1827 (24, 633 f.)
44 «Vor lauter Wonne ...» Tagebuch, 17. Juni 1775 (4, 985)
«herrlichen Sonnenschein ...» Tagebuch, 17. Juni 1775 (4, 985)
«Zwei tüchtige ...» Dichtung und Wahrheit, 4. Teil, 18. Buch (10, 804)
45 «Wir traten nun ...» Reise in die Schweiz 1797, 29. September (12, 196)
46 «Wir kehrten bei ...» Reise in die Schweiz 1797, 21. September (12, 182)
47 «Als mich der greise ...» C. F. Meyer: Mitteilung an H. Haessel (B. I, 682)
48 «Wir sind schon ...» An E. J. F. v. Stein, 30. November 1779 (18, 466)
«höchst gebildeten ...» Dichtung und Wahrheit, 4. Teil, 18. Buch (10, 797)
«Man übersah ...» Dichtung und Wahrheit, 4. Teil, 18. Buch (10, 797 f.)
50 «Nun sahen wir ...» Dichtung und Wahrheit, 4. Teil, 18. Buch (10, 801)
«Der Schatz wird ...» Reise in die Schweiz 1797, 29. September (12, 194 f.)
«unsinnige Verzierung ...» Reise in die Schweiz 1797, 29. September (12, 194)
51 «garstigen ...» Briefe aus der Schweiz 1779, 10. November (12, 45)
«Wie man auch nur ...» Briefe aus der Schweiz 1779, 10. November (12, 45)
«von sehr braven Leuten ...» Briefe aus der Schweiz 1779, 9. November (12, 39)
«unter Werthers Papieren ...» Briefe aus der Schweiz (9, 481)
«Frei wären die Schweizer? ...» Briefe aus der Schweiz (9, 481 f.)
«Mir ist das Volk ...» Zahme Xenien aus dem Nachlaß (2, 412)
«Alle Freiheitsapostel ...» Epigramme, Venedig 1790, 50 (1, 233)
52 «Hier kostet es ...» Dichtung und Wahrheit, 4. Teil, 18. Buch (10, 808)
«Ich komme mir ...» Briefe aus der Schweiz 1779, 13. November (12, 62)
«Hier oben ...» An Ch. v. Stein, 13. November 1779 (18, 461)
«Seine Beschreibung ...» Wieland (22, 129 f.)
«Um halb neune ...» Reise in die Schweiz 1797, 3. Oktober (12, 202)
«Die Felsen des Gotthards ...» An W. v. Humboldt, 7. Februar 1798 (19, 324)
54 «Das ungeheure Wilde ...» Dichtung und Wahrheit, 4. Teil, 18. Buch (10, 807)
«Eigentümlicher Charakter ...» Reise in die Schweiz 1797, 1. Oktober (12, 200)
57 «Vorwärts lag uns ...» Briefe aus der Schweiz 1779, 6. November (12, 31)
«Wir waren (...) genötigt ...» An Ch. v. Stein, 9. Oktober 1779 (18, 449)
60 «eigentlich immer ...» Briefe aus der Schweiz 1779, 4. November (12, 25)
«Nur die hohen ...» Briefe aus der Schweiz 1779, 27. Oktober (12, 15)
«Auch näher am Tal ...» Briefe aus der Schweiz 1779, 27. Oktober (12, 20)
61 «Die Vegetation ...» Briefe aus der Schweiz 1779, 3. Oktober (12, 11)
63 «Wir hatten ...» Briefe aus der Schweiz 1779, 9. November (12, 39 f.)
64 «Er ist der beste ...» An Ch. v. Stein, Ende November 1779 (18, 462)
«Er ist die Blüte ...» An Ch. v. Stein, 7. Dezember 1779 (18, 471)
«daß es ihm unbegreiflich ...» Dichtung und Wahrheit, 3. Teil, 14. Buch (10, 663)
«Da ich zwar kein ...» An J. C. Lavater, 29. Juli 1782 (18, 680)
65 «Er hat bei mir ...» An Ch. v. Stein, 21. Juli 1786 (18, 941)
«Schade, daß die Natur ...» Xenien von Goethe und Schiller, 20 (2, 445)

65 «Auf dem Rückweg ...» Tagebuch, 20. September 1797 (Tgb 226)
67 «Auf dem Wege ...» Briefe aus der Schweiz 1779, 3. Oktober (12, 9f.)
«Er bleibt immer ...» An Ch. von Stein, 13. Oktober 1779? (18, 453)
«von dem Gesange ...» An Ch. von Stein, 9. Oktober 1779 (18, 450)
«Wir kamen zu Kleinjogg ...» H. Boßhard: Lebensgeschichte (B I, 143)
«allenthalben (als) denselben ...» Lavater an Wieland, 8./9. November 1775 (B I, 147)
«Neulich habe ich ...» Carl August v. Sachsen-Weimar an seine Mutter, 29. November 1779 (B I, 285)
68 «Gesang der Geister ...» Vermischte Gedichte (1, 306f.)
71 «Das Ziel meiner ...» Kampagne in Frankreich 1792, Zwischenrede (12, 367)
73 «Goethe animierte mich ...» F. v. Müller, 30. Mai 1814 (B II, 903f.)
«keine vier Wochen ...» Zu Eckermann, 27. Januar 1824 (24, 83)
«Was mich am tiefsten ...» An J. G. und K. Herder, 10. November 1786 (19, 29)
«Täglich werf ich ...» An Ch. v. Stein, 6. Januar 1787 (19, 51)
«diese meine ...» An K. v. Knebel, 19. Februar 1787 (19, 70)
«Ich finde hier ...» An Ph. Chr. Kayser, 14. Juli 1787 (19, 86)
«Ich darf ...» An den Herzog Karl August, 17. März 1788 (19, 105)
«Zunächst ein ...» Ernst Beutler: Einführung in die Italienische Reise (11, 1002)
«das Erlebnis ...» Richard Alewyn: Probleme und Gestalten, Frankfurt a. M. 1974, S. 258
74 «er habe gewiß ...» S. Boisserée, 11. August 1815 (22, 816)
«Das ist freilich ...» Italienische Reise, 1. Teil, Venedig 1786, 8. Oktober (11, 95)
75 «daß meiner Liebe ...» An den Herzog Karl August, 3. April 1790 (19, 162)
«sinnlich geworden ...» C. Herder an ihren Gatten, 14. August 1788 (22, 167)
«Erotikon ...» An J. G. Herder, 10. August 1789 (19, 151)
«des echten nacketen ...» Römische Elegien aus dem Nachlaß, I (2, 111)
76 «Wenn ich nur ...» An Ch. S. J. v. Kalb, 30. April 1790 (19, 163f.)
«Für die Gesinnungen ...» An Herders, 28. Mai 1790 (19, 167)
77 «einigen Stunden ...» Italienische Reise, 1. Teil, Verona bis Venedig 1786, 19. September (11, 56)
«Es ist wirklich ...» Italienische Reise, 1. Teil, Verona bis Venedig 1786, 19. September (11, 57)
«Das Olympische Theater ...» Italienische Reise, 1. Teil, Verona bis Venedig 1786, 19. September (11, 57)
78 «dieser wunderbaren ...» Tagebuch, 28. September 1786 (Tgb 156)
«Mein Vater ...» Tagebuch, 28. September 1786 (Tgb 156)
«nichts bessers ...» Italienische Reise, 1. Teil, Venedig 1786, 29. September (11, 75)
«kolossalen Taschenkrebs ...» Tagebuch, 29. September 1786 (Tgb 160)
«eine kostbare Sammlung ...» Italienische Reise, 1. Teil, Venedig 1786, 8. Oktober (11, 94)
«Ich bin nur ...» Italienische Reise, 1. Teil, Venedig 1786, 12. Oktober (11, 106)
«Bei außerordentlichen Fällen ...» Italienische Reise, 1. Teil, Venedig 1786, 9. Oktober (11, 99)
«Und wenn auch ...» Italienische Reise, 1. Teil, Venedig 1786, 29. September (11, 75)
«eine wahre ...» An Herders, 2.–9. Dezember 1786 (19, 37)
«Das ist Italien ...» Epigramme, Venedig 1790, 4 (1, 222)
«Wie man ...» Epigramme, Venedig 1790, Motto (1, 219)
«unziemliche Sachen ...» Epigramme aus dem Nachlaß (2, 178)
«Sankt Markus ...» Epigramme, Venedig 1790, 24 (1, 226)
79 «Der Venezianer ...» Italienische Reise, 1. Teil, Venedig 1786, 29. September (11, 73)
80 «Heute früh ...» Italienische Reise, 1. Teil, Venedig 1786, 5. Oktober (11, 85)
81 «noch will ich einiger ...» Italienische Reise, 1. Teil, Venedig 1786, 8. Oktober (11, 95)
82 «Ich bin gut logiert ...» Italienische Reise, 1. Teil, Venedig 1786, 28. September (11, 69f.)
«Palladio war ...» Italienische Reise, 1. Teil, Venedig 1786, 3. Oktober (11, 79)
84 «In einer bessern ...» Italienische Reise, 1. Teil, Ferrara bis Rom 1786, 16. Oktober (11, 109f.)
85 «abscheulicher ...» Italienische Reise, 1. Teil, Ferrara bis Rom 1786, 18. Oktober (11, 113)
«Ich erkläre ...» Italienische Reise, 1. Teil, Ferrara bis Rom 1786, 18. Oktober (11, 113)
86 «Aus Palladio ...» Italienische Reise, 1. Teil, Ferrara bis Rom 1786, 26. Oktober (11, 126)
«Die ungeheueren ...» Italienische Reise, 1. Teil, Ferrara bis Rom 1786, 26. Oktober (11, 126)
«Das löblichste ...» Italienische Reise, 1. Teil, Ferrara bis Rom 1786, 26. Oktober (11, 126ff.)
«tristen Dom ...» Italienische Reise, 1. Teil, Ferrara bis Rom 1786, 26. Oktober (11, 129)
«reichbegabten Giotto ...» La cena, pittura in muro di Giotto (13, 970)
88 «Die Etsch ...» Italienische Reise, 1. Teil, Vom Brenner bis Verona 1786, 11. September (11, 28)
«Hier bin ich ...» Italienische Reise, 1. Teil, Vom Brenner bis Verona 1786, 11./12. September (11, 30ff.)

89 «Das Universitätsgebäude ...» Italienische Reise, 1. Teil, Verona bis Venedig 1786, 27. September (11, 65)
«Wie viel hätte ich ...» Italienische Reise, 1. Teil, Ferrara bis Rom 1786, 20. Oktober (11, 120)
«Die Apenninen ...» Italienische Reise, 1. Teil, Ferrara bis Rom 1786, 22. Oktober (11, 121 f.)
90 «Den dreiundzwanzigsten ...» Italienische Reise, 1. Teil, Ferrara bis Rom 1786, 25. Oktober (11, 122)
93 «Ja ich bin ...» Italienische Reise, 1. Teil, Rom 1786, 1. November (11, 137 f.)
«Nun bin ich ...» Italienische Reise, 1. Teil, Rom 1786, 5.–7. November (11, 141 ff.)
«Ich lebe nun ...» Italienische Reise, 1. Teil, Rom 1786, 10. November (11, 146 f.)
«Von der Nation ...» Italienische Reise, 1. Teil, Rom 1786, 24. November (11, 156 f.)
«Spoleto hab' ich ...» Italienische Reise, 1. Teil, Ferrara bis Rom 1786, 27. Oktober (11, 132)
94 «Auch die römischen ...» Italienische Reise, 1. Teil, Rom 1786, 3. Dezember (11, 160)
«Und doch ...» Italienische Reise, 1. Teil, Rom 1786, 20. Dezember (11, 163)
«Nun wird es ...» Italienische Reise, 1. Teil, Rom 1787, 25. Januar (11, 179 f.)
«Von der Schönheit ...» Italienische Reise, 1. Teil, Rom 1787, 2. Februar (11, 182 f.)
«Ein saures ...» An den Freundeskreis in Weimar, 7. November 1786 (19, 27)
97 «Heute war ich ...» Italienische Reise, 1. Teil, Rom 1786, 10. November (11, 146)
«Jetzt seh' ich ...» Italienische Reise, 3. Teil, Rom 1788, 10. Januar (11, 527)
98 «Die schöne Form ...» Italienische Reise, 3. Teil, Rom 1787, 30. Juni (11, 389)
100 «Der Eintritt ...» Italienische Reise, 3. Teil, Rom 1787, Bericht Dezember (11, 498)
«Wenn man so ...» An J. G. und K. Herder, 10. November 1786 (19, 29 f.)
102 «fast bei zu warmem ...» Italienische Reise, 1. Teil, Rom 1786, 2. Dezember (11, 159)
105 «Ich habe recht ...» Italienische Reise, 3. Teil, Rom 1787, 20. Juli (11, 407)
«Ich habe mir ...» Italienische Reise, 3. Teil, Rom 1787, 22. September (11, 439)
«Ich mag ...» Italienische Reise, 3. Teil, Rom 1787, 5. Oktober (11, 456)
«Es geht mit mir ...» Italienische Reise, 3. Teil, Rom 1787, 27. Oktober (11, 464)
«Auf dem Platze ...» Italienische Reise, 3. Teil, Rom 1787, Bericht Dezember (11, 499 f.)
106 «Daß ich zeichne ...» Italienische Reise, 3. Teil, Rom 1787, 21. Dezember (11, 492)
«Verzeiht ...» Italienische Reise, 3. Teil, Rom 1788, 5. Januar (11, 524)
«Das Interesse ...» Italienische Reise, 3. Teil, Rom 1788, 10. Januar (11, 525)
«Ich bin fleißig ...» Italienische Reise, 3. Teil, Rom 1788, 22. Februar (11, 571)
«So viel kann ich ...» Italienische Reise, 3. Teil, Rom 1788, 22. März (11, 585)
«Auf eine besonders ...» Italienische Reise, 3. Teil, Rom 1788, Bericht April (11, 611)
«die zerstörten ...» Italienische Reise, 1. Teil, Rom 1786, 11. November (11, 147)
«Diese Menschen ...» An J. G. und K. Herder, 10. November 1786 (19, 31)
108 «die Wirkung ...» An J. G. und K. Herder, 10. November 1786 (19, 29)
111 «Ich befand mich ...» Italienische Reise, 2. Teil, Neapel 1787, 23. März (11, 240 f.)
«Eine herrliche ...» Italienische Reise, 3. Teil, Rom 1787, Bericht September (11, 451)
112 «Hat man sich ...» Italienische Reise, 2. Teil, Sizilien 1787, 3. April (11, 252)
«In dem öffentlichen ...» Italienische Reise, 2. Teil, Sizilien 1787, 7. April (11, 262 f.)
«Italien ohne Sizilien ...» Italienische Reise, 2. Teil, Sizilien 1787, 13. April (11, 275 f.)
113 «Das ist an ...» An den Herzog Karl August, 27.–29. Mai 1787 (19, 78)
«in Amerika ...» Italienische Reise, 2. Teil, Sizilien 1787, 29. März (11, 246)
«Ein klarer Duft ...» Italienische Reise, 2. Teil, Sizilien 1787, 2. April (11, 250)
114 «Unsinn des Prinzen ...» Italienische Reise, 2. Teil, Sizilien 1787, 9. April (11, 265)
«Pallagonischen Raserei ...» Italienische Reise, 2. Teil, Sizilien 1787, 9. April (11, 265)
«das Widerliche ...» Italienische Reise, 2. Teil, Sizilien 1787, 9. April (11, 266)
«Spitzruten ...» Italienische Reise, 2. Teil, Sizilien 1787, 9. April (11, 268)
«Der jetzige ...» Italienische Reise, 2. Teil, Sizilien 1787, 9. April (11, 266)
117 «Wir spazierten ...» Italienische Reise, 2. Teil, Sizilien 1787, 27. April (11, 306)
«Ich will mich ...» Italienische Reise, 2. Teil, Sizilien 1787, 25. April (11, 301)
118 «Heute früh ...» Italienische Reise, 2. Teil, Sizilien 1787, 17. April (11, 291)
119 «Gerade über uns ...» Italienische Reise, 2. Teil, Sizilien 1787, 5. Mai (11, 322)
120 «Die Lage des ...» Italienische Reise, 2. Teil, Sizilien 1787, 20. April (11, 295 f.)
122 «das ungeheuerste ...» Italienische Reise, 2. Teil, Sizilien 1787, 7. Mai (11, 324)
«Setzt man sich ...» Italienische Reise, 2. Teil, Sizilien 1787, 7. Mai (11, 324)
125 «Daß ich Sizilien ...» An den Herzog Karl August, 27.–29. Mai 1787 (19, 77)
«Ich bin neugierig ...» An den Herzog Karl August, 27.–29. Mai 1787 (19, 77)
«Die Klarheit ...» Italienische Reise, 2. Teil, Sizilien 1787, Aus der Erinnerung (11, 326)
«Ein weißer Glanz ...» Nausikaa, Verse 129 und 130 (6, 847)

125 «Sage Herdern ...» An Ch. von Stein, 8. Juni 1787 (19, 84)
«Alle Glieder ...» Metamorphose der Tiere (1, 519)
127 «Wie ich immer ...» An Gräfin O'Donell, 5. August 1813, in: J. Urzidil: Goethe in Böhmen, Zürich 1962, S. 100
129 «Einige Dörfer ...» Kampagne in Frankreich 1792, 13.–17. September (12, 276)
«Ob ich denn ...» Kampagne in Frankreich 1792, 28. Oktober (12, 345 f.)
«Solche Ziffern ...» J. Urzidil: Goethe in Böhmen, Zürich 1962, S. 7
130 «Vor der Welt ...» An den Mond (1, 72)
«Goethe behagt ...» Beethoven an Breitkopf und Härtel, 9. August 1812 (B II, 735)
«Wir besuchten ...» Kampagne in Frankreich 1792, 3. September (12, 263)
132 «verrufene Champagne ...» Kampagne in Frankreich 1792, 13.–17. September (12, 276)
«Wir betraten ...» Kampagne in Frankreich 1792, 18. September (12, 277)
«Der Weg war ...» Kampagne in Frankreich 1792, 19. September (12, 279)
134 «Kellermann hatte ...» Kampagne in Frankreich 1792, 19. September (12, 286)
«Es ist mir ...» An K. von Knebel, 27. September 1792 (19, 199)
«Von hier und heute ...» Kampagne in Frankreich 1792, 19. September (12, 289)
135 «Wer Luxemburg ...» Kampagne in Frankreich 1792, 15. Oktober (12, 337 f.)
137 «Euch grüß ich ...» Marianne und Johann Jakob Willemer: Briefwechsel mit Goethe, hg. von H.-J. Weitz, Frankfurt 1965, S. 157
138 «Wo man mir ...» Drei Gedichte aus der Divanzeit (2, 123)
«Jeden Morgen ...» Antonie Brentano: Erinnerungen (B II, 951 f.)
«Wo man mir ...» West-östlicher Divan, aus dem Nachlaß (3, 411)
«Die kleine Frau ...» S. Boisserée, 17. September 1815 (B II, 1090)
«Es wurde viel gelesen ...» S. Boisserée, 17. September 1815 (B II, 1090)
141 «Für Ulrike ...» J. Urzidil: Goethe in Böhmen, Zürich 1962, S. 160
«Keine Liebschaft ...» J. Urzidil: Goethe in Böhmen, Zürich 1962, S. 178
«wo ich in dessen Ruinen ...» Tagebuch, 31. Januar 1831 (Tgb 548)
142 Elegie (1, 475)
143 «Mir war es ...» An A. v. Goethe, 28. April 1820 (21, 387)
144 «In dem Hauptgebäude ...» Aus Teplitz (1813) (17, 512)
«höchst ehrenvoll» J. Urzidil: Goethe in Böhmen, Zürich 1962, S. 144
145 «etwas Mißtrauisches ...» Graf Eugen Czernin: Tagebuch, 4. und 5. August 1810 (B II, 551)
«Über eine Mauer ...» Graf Eugen Czernin: Tagebuch, 4. und 5. August 1810 (B II, 551)
146 «Schöne Lage ...» J. Urzidil: Goethe in Böhmen, Zürich 1962, S. 266
«Nach Tische ...» Tagebuch, 21. Juni 1808 (Tgb 289)
«über alle Beschreibung ...» Urzidil, Goethe in Böhmen, S. 186
147 «Ich habe niemals ...» Zu Eckermann, 18. Januar 1827 (24, 215)
«Gedenken Sie meiner ...» Urzidil, Goethe in Böhmen, S. 389
«Der froheste Mann ...» Requiem dem frohsten Manne des Jahrhunderts (2, 98)
«wollte sich nicht ...» Urzidil, Goethe in Böhmen, S. 132
«Jederzeit ...» Urzidil, Goethe in Böhmen, S. 133
«Wie sehr ...» Urzidil, Goethe in Böhmen, S. 133
149 «O Weimar ...» Auf Miedings Tod (2, 90)
151 «Wo finden Sie ...» Zu Eckermann, 18. September 1823 (24, 46)
«Überhaupt geschähen ...» F. v. Müller, 23. September 1823 (B III/1, 581)
«daß er das Drückende ...» J. D. Gries an Abeken, 22. Juli 1816 (B II, 1154)
«Goethe ist auch hier ...» Ch. v. Schiller an F. v. Stein, 1. Oktober 1797 (B I, 781)
«Es möchte ...» C. Herder an Knebel, 21. Januar 1801 (B I, 789)
«Wenn Du wüßtest ...» H. Voß (B I, 936)
152 «es wäre eine Blutwurst ...» M. H. v. Kügelgen an Volkmanns, 12. Oktober 1812 (B II, 693)
«seitdem ihm Napoleon ...» F. Passow an E. Breem, 29. November 1808 (B II, 388)
«mein Kaiser ...» W. v. Humboldt an seine Frau, 9. Januar 1809 (B II, 411)
«Laßt mir ...» Varnhagen, Denkwürdigkeiten (B II, 1198)
153 «Ich habe eine neue ...» Ch. Kestner an ihren Sohn August, 4. Oktober 1816 (B II, 1162)
«Leider aber waren ...» C. Kestner an ihren Bruder August, 29. September 1816 (B II, 1160 f.)
«Nun, wie gefällt ...» K. v. Holtei: Vierzig Jahre (B III/2, 297)
154 «In meinem neuen ...» M. Kahler: Goethes Gartenhaus in Weimar, Weimar o. J., S. 31
155 «wie er im Jahre 1814» Zu Eckermann, 1. Mai 1825 (24, 592)
156 «den Wanderer ...» Wanderer und Pächterin (1, 138)

156 «Wir sind freilich ...» An Chr. G. Voigt, 14. August 1798. In: Goethes Briefwechsel mit Chr. G. Voigt, Bd III, Weimar 1951, S. 92
158 «Weimar ist ...» Adolf Stahr: Weimar und Jena, Bd I, Berlin 1871, S. 9
160 «mit Grün ...» An Ch. v. Stein, 27. August 1777 (18, 364f.)
161 «Es wäre ein ...» Zimmermann an Ch. v. Stein (B I, 154)
«wie ich Ihnen ...» An Ch. v. Stein, Anfang Januar 1776? (18, 302)
«Ich kann mir ...» An Ch. M. Wieland, April 1776? (18, 320)
«Sag, was will ...» An Ch. v. Stein, 14. April 1776 (18, 321)
«Adieu ...» An Ch. v. Stein, 16. April 1776 (18, 322)
«Ich habe es ...» F. Münters Tagebuch, 18./20. Mai 1787 (B I, 395)
«eine wahrhaftig eigene ...» Schiller an Körner, 12. August 1787 (B I, 397f.)
«Heute früh ...» An Ch. v. Stein, Mitte Juli 1788 (19, 119)
«sein Bettschatz ...» (E 662)
«sinnlich geworden ...» C. Herder an ihren Gatten, 14. August 1788 (22, 167)
«Wenn Du es ...» An Ch. v. Stein, Februar 1789 (19, 136)
«Aber das gestehe ich ...» An Ch. v. Stein, 1. Juni 1789 (19, 146)
«Ich habe kein ...» An Ch. v. Stein, 8. Juni 1789 (19, 147)
162 «Ich denke mir ...» An Ch. v. Stein, 22. September 1785 (18, 874)
«Glauben Sie mir ...» An Ch. v. Stein, 30. November 1779 (18, 465)
«Meine Seele ...» An Ch. v. Stein, 18. August 1785 (18, 860)
163 «Lotte Lengefeld ...» C. Herder an ihren Gatten, 4./8. September 1788 (22, 170)
164 «Aus dem geliebten ...» An J. F. v. Fritsch, 3. August 1776 (18, 341)
«Stützerbach Nachts ...» An Ch. v. Stein, 8. August 1776 (18, 342)
«Liebste Frau ...» An Ch. v. Stein, 10. August 1776 (18, 343)
«In Stützerbach ...» An Ch. v. Stein, 6. September 1777 (18, 365)
Einschränkung (1, 72)
167 «Der Empfindung ...» F. Menzel: Schloß Tiefurt, Weimar 1974, S. 28
168 Dornburg (1828) Insel-Almanach auf das Goethe-Jahr 1932, S. 149
169 «Vor Sonnenaufgang ...» Tagebuch, 18. August 1828 (Tgb 494)
172 «Die Aussicht ...» An Ch. v. Stein, 6. September 1780 (18, 518)
«um dem Wuste ...» An Ch. v. Stein, 6. September 1780 (18, 518)
174 «Am 26. August 1831 ...» J. Ch. Mahr: Goethes letzter Aufenthalt in Ilmenau (B III/2, 809ff.)
177 «Geringe Wohnung ...» Zu Eckermann, 23. März 1829 (24, 329)
«Eine Umgebung ...» Zu Eckermann, 25. März 1831 (24, 488)
178 «Warum stehen sie davor ...» Goethes Wohnhaus in Weimar (2, 149)
«Er ließ mir ...» B. Uxkull: Tagebuch, 29. Juni 1814 (B II, 914)
«Endlich öffnete sich ...» F. Grillparzer: Selbstbiographie (B III/2, 78f.)
«so liebenswürdig ...» F. Grillparzer: Selbstbiographie (B III/2, 80)
«Im ersten Augenblick ...» G. Kühne: Ein Besuch bei Grillparzer (B III/2, 84)
«Nachdem ich mich ...» Eckermann, 10. Juni 1823 (24, 37f.)
«wie er nicht mehr ...» F. Bergemann: Bettinas Leben mit Goethe (B III/2, 861)
180 «Ich erfand ...» An Ch. v. Stein, 19. Januar 1778 (18, 387)
«höchst merkwürdige ...» Nacharbeiten und Sammlungen zur Morphologie. In: Weimarer Ausgabe von Goethes Werken II, Bd 6, S. 182
«Ich fuhr fort ...» Tag- und Jahreshefte, 1820 (11, 911)
«Aufsatz angefangen ...» Tagebuch, 24. März 1826 (Tgb 458)
185 «Welch ein Roman ...» Las Cases: Tagebuch über Napoleons Leben, Dresden 1823, Bd. 6, S. 126
«Mein Leben ...» Weimarer Ausgabe von Goethes Werken I, Bd. 26, S. 364
«Die wahre ...» F. v. Müller: Goethe in seiner ethischen Eigentümlichkeit (B III/2, 717)
«Man hat mich ...» Zu Eckermann, 27. Januar 1824 (24, 83)
«Ich habe ...» Zu Eckermann, 25. Februar 1824 (24, 91)
«eine kleine Büste ...» Reisebericht Eckermanns, 14. September 1830 (24, 429)
«Eckermann hat ...» An K. F. Zelter, 1. Februar 1831 (21, 966f.)
«Das höchstenergische ...» Farbenlehre, Didaktischer Teil, physische Farben, 150 (16, 63)
«Man sieht hier ...» Eckermann, 14. September 1830 (24, 431)
186 «Ihr könnt ...» Zahme Xenien aus dem Nachlaß (2, 388)
«Sie lassen mich ...» West-östlicher Divan, aus dem Nachlaß (3, 404)
«Ich verwünsche ...» Aus J. D. Falks Darstellung (23, 821)
«Ich habe alles ...» Soret, 17. Februar 1832 (B III/2, 839)

187 «durch die offene Tür ...» C.W. Coudray: Goethes letzte Lebenstage und Tod betreffende Notizen (B III/2, 873)

«Um halb zwölf ...» C. Vogel: Die letzte Krankheit Goethes (B III/2, 882)

188 «Wir haben hier ...» K. v. Holtei: Vierzig Jahre (B III/2, 128)

«In den untern ...» Tagebuch, 20. Februar 1832 (Tgb 590)

191 Eckermanns Traum (24, 774 ff.)

Quellenverzeichnis der Goetheporträts und zeitgenössischen Illustrationen

Frontispiz: Kreidezeichnung von Johann Heinrich Lips; Weimar, Januar 1791 (Freies Deutsches Hochstift, Frankfurter Goethemuseum)

9 Ölgemälde von Johann Daniel Bager; Frankfurt 1773 (Österreichische Nationalbibliothek, Wien)

10 Frankfurt von Südost. Kolorierter Kupferstich von Johann Jakob Koller; Frankfurt 1777 (Goethe-Museum, Düsseldorf)

11 Der Römerberg in Frankfurt. Kolorierter Kupferstich von F. W. Deleskamp; Frankfurt o. J. (Goethe-Museum, Düsseldorf)

12 Goethes Geburtsdatum, wie er es ins «Biographische Schema» (1808) eintrug. Aus: Goethes biographisches Schema in getreuer Nachbildung seiner Handschrift. Hg. von Georg Witkowski. Leipzig 1922

35 Goethe zu Pferd. Schattenriß um 1810(?) (Goethe-Museum, Düsseldorf)

39 Ölgemälde von Georg Oswald May; Weimar, Juli 1779, Kopie von 1914 (Nationale Forschungs- und Gedenkstätten der klassischen deutschen Literatur in Weimar)

40 Zürich: Limmat und Großmünster, vom Gasthof zum «Schwert» aus. Kolorierter Stich von Johann Jakob Aschmann nach eigener Zeichnung; im Verlag des Künstlers in Thalwil, 1795/98 (Graphische Sammlung der Zentralbibliothek Zürich)

41 Landgut «Schipf» bei Herrliberg am Zürichsee. Umrißradierung von Heinrich Brupbacher, vermutlich nach eigener Zeichnung; im Verlag von Johannes Hofmeister in Zürich, 1794 (Graphische Sammlung der Zentralbibliothek Zürich)

42 Die drei Eidgenossen, Zeichnung von Heinrich Meyer nach Johann Heinrich Füßli; Zürich 1797 (Nationale Forschungs- und Gedenkstätten der klassischen deutschen Literatur in Weimar)

51 Goethe: Porträtskizze von der Rigireise, 1775 (Nationale Forschungs- und Gedenkstätten der klassischen deutschen Literatur in Weimar)

52 Goethe: Scheideblick nach Italien vom Gotthard. Lavierte Pinselzeichnung 1775 (Nationale Forschungs- und Gedenkstätten der klassischen deutschen Literatur in Weimar)

73 Ölgemälde von Angelika Kauffmann; Rom 1787–1788 (Nationale Forschungs- und Gedenkstätten der klassischen deutschen Literatur in Weimar)

74 Johann Heinrich Wilhelm Tischbein: Goethe in seiner Wohnung in Rom. Zeichnung 1786 (Nationale Forschungs- und Gedenkstätten der klassischen deutschen Literatur in Weimar)

75 Goethe: Blick auf die Kuppel der Peterskirche in Rom. Zeichnung 1786 (Nationale Forschungs- und Gedenkstätten der klassischen deutschen Literatur in Weimar)

88 Goethe: Gegen den Brenner. Zeichnung 1786 (Nationale Forschungs- und Gedenkstätten der klassischen deutschen Literatur in Weimar)

89 Goethe: Rovereto. Zeichnung 1786 (Nationale Forschungs- und Gedenkstätten der klassischen deutschen Literatur in Weimar)

125 Goethe: Italienische Küstenlandschaft im Mondschein. Lavierte Federzeichnung, nach 1790 (Nationale Forschungs- und Gedenkstätten der klassischen deutschen Literatur in Weimar)

129 Bleistiftzeichnung von Jens Juel; Genf, November 1779 (Nationale Forschungs- und Gedenkstätten der klassischen deutschen Literatur in Weimar)

151 Zeichnung von Karl August Schwerdgeburth; Weimar 1831 (Nationale Forschungs- und Gedenkstätten der klassischen deutschen Literatur in Weimar)

152/153 Illustrationen aus: Die Großherzogliche Haupt- und Residenz-Stadt Weimar, nach ihrer Geschichte und ihren gegenwärtigen gesammten Verhältnissen dargestellt. Ein Handbuch für Einheimische und Fremde. Von Karl Gräbner. Erfurt 1830.

Verzeichnis der Photographien

(in Klammern das Aufnahmedatum)